极目天下
简阅沧桑

东方看世界

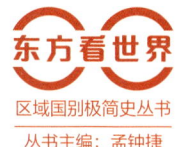

区域国别极简史丛书

丛书主编：孟钟捷

A Concise History of Germany

极简德国史

孟钟捷 著

中国出版集团
東方出版中心

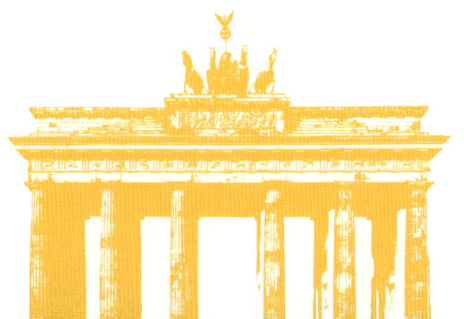

图书在版编目（CIP）数据

极简德国史 / 孟钟捷著. --上海：东方出版中心，2025.1. --ISBN 978-7-5473-2662-6

I. K516.0

中国国家版本馆 CIP 数据核字第 2025SU7412 号

极简德国史

丛书主编	孟钟捷
著　　者	孟钟捷
丛书策划	陈义望　朱宝元
责任编辑	刘　鑫
助理编辑	沈辰成
封扉设计	张丽颖

出 版 人	陈义望
出版发行	东方出版中心
地　　址	上海市仙霞路345号
邮政编码	200336
电　　话	021-62417400
印 刷 者	上海盛通时代印刷有限公司

开　　本	787mm×1092mm　1/32
印　　张	8.5
字　　数	140千字
版　　次	2025年2月第1版
印　　次	2025年2月第1次印刷
定　　价	68.00元

版权所有　侵权必究

如图书有印装质量问题，请寄回本社出版部调换或拨打021-62597596联系。

丛书总序

区域国别研究是当下中国学界的显学。它得益于改革开放以来中国经济迅猛发展、政治影响力不断提升、文化交往日益密切的伟大进程。在中国式现代化道路的逐次展开之中，在中国日益迈向世界舞台的中央之时，在人类命运共同体的理念响彻中华大地的背景之下，中国人对他者、异域、世界的好奇心越来越强烈，并转化为蓬勃的求知动力，推动着来自历史、地理、文学、语言、经济、政治等学科的研究者提供各自的见解，交流彼此的心得。

史学是区域国别研究的基础学科。在国内外的史学机构内，区域国别史属于常见的二级研究方向。它主要致力于从历史的维度来展示特定区域或国家的成长历程及其同世界的互动轨迹，以便追溯今天的某些国家特点或民族特性之所以形成的历史根源，从而为进一步预测这些区域和国家的未来行为提供依据。在中国，区域国别史还必须描述中国和该国家该地区交往的历程及其演变动力等重要问题，由此为当下中国外交实践提供某些经验、教训乃至指引。

在中国的古史里，区域国别史早已出现。史官们用言简意赅的话描绘了周边国家和地区的地理环境、政治沿革、社会风貌、人物品性等要素。《明史》的作者甚至已触及遥远的欧洲，谈到了"意大里亚"（意大利）、"和兰"（荷兰）等国家。到近代，徐继畬撰写《瀛寰志略》，介绍了100多个国家和地区，为中国人"开眼看世界"提供了便捷。此后，译介自东洋的区域国别史著作纷至沓来。

从翻译到撰写，体现了中国人在区域国别史研究领域里的自主意识提升、创新能力增强。在过去的几十年里，有关美、英、法、德、俄、日等国家和中东、非洲等地区的历史演进，中国学者不仅出版了单卷本通史，还用集体攻关的方式推出了多卷本通史。这些成果在学术界影响深远，大多成为专业研究者精进的基础文本。

尽管如此，当中国人日益渴望了解乃至理解外部世界时，当老百姓的出国旅游潮不断变大时，当网络上呈现的区域国别史知识良莠不齐时，作为历史知识生产者，我们专业研究者必须承认，中国的区域国别史书写工作尚有大片空白。多卷本通史篇幅浩大、专业艰深，不符合普通读者的阅读期待。对于主要大国之外的区域和国家，如果仅仅依靠引进译著，显然远远不能满足社会各界的需求和期待，而且容易落入西方中心论的陷阱。

正是基于这样的反思，我们才决定启动本丛书的编写。参与这项工作的作者和编者都经过了专业训练，而且无一不怀有明确而坚定的"为民众写史"的意识和决心。我们用"极简"二字表达了与专业书写相对"繁复"之惯性的区别。不过，依然需要强调的是，这套书的特点在于：

第一，以简驭繁。每本书的字数不超过10万，自然无法面面俱到，但每个国家的历史依然以系统性的方式呈现，保证历史叙述的整体框架或核心线索的完整性。这根线索或许和民族性相关，或许表现为国家类型的变化，或许反映了文化特质的演进等。

第二，简中有新。不管是针对某些大国的书写，还是围绕尚未有过深度研究的国度或区域的呈现，我们都尽力站在中国立场上，基于新时代中国特有的理念，例如人类命运共同体、文明互鉴、中国式现代化等，去描绘、述说、评述它们的历史演进及其同中国的关联。

第三，简洁生动。所有文本以通俗易懂为宗旨，配有各种形式的图片，力求用生动活泼的语言，把一个国家的历史或某些区域的演进呈现在大众读者面前。为此，我们放弃了用脚注，而是用参考文献，来说明主要资料来源。我们也不再过多纠结于某些学术争议问题，而是尽量提供学界共识和作者的思考。

当然，每一位作者都是独立的知识创新者。在符合以上三点基本原则的基础上，每一位作者都有广阔而自由的书写空间。我们真诚地期望，本系列能够为中国民众新一轮"开眼看世界"，进一步理解百年未有之大变局下的人类命运共同体提供有益参鉴。

孟钟捷

2024年深冬

目 录

- I 丛书总序
- I 引言
- 5 第一章 德意志人的崛起
- 33 第二章 千年帝国的兴衰
- 79 第三章 民族国家的探索
- 125 第四章 民主共和的实验
- 157 第五章 第三帝国的幻灭
- 195 第六章 两种体制的竞争
- 235 第七章 新联邦探新道路

- 252 参考文献
- 254 大事年表
- 260 后记

引　言

德国离中国很远,也很近。两国直线距离6 451千米,飞行时间接近11个小时,时差7小时(德国夏令时为6小时)。但德国是中国在欧洲的最大贸易伙伴,中国也长期是德国的全球最大贸易伙伴。有趣的是,德国同样被欧洲人称作"中国"——"中间之国"(Staat der Mitte)。

然而,我们了解德国吗?

我试着让AI用最简单的几个词来概括一下德国的特点。它的回答如图1所示。这些答案当然没错,但似乎又遗漏了不少东西。接着,我又让AI来概括德国人的特点。"实在、勤奋、准时、节俭、做事一板一眼"是它给出的一些关键词(图2)。根据我多年与德国人交往的体验,这些描述多半是刻板印象。它忽视了德国南北方的地区差异,淡化了人群的多样性。在我国,前几年颇为流行的"青岛下水道神话"把"德国制造"捧上了

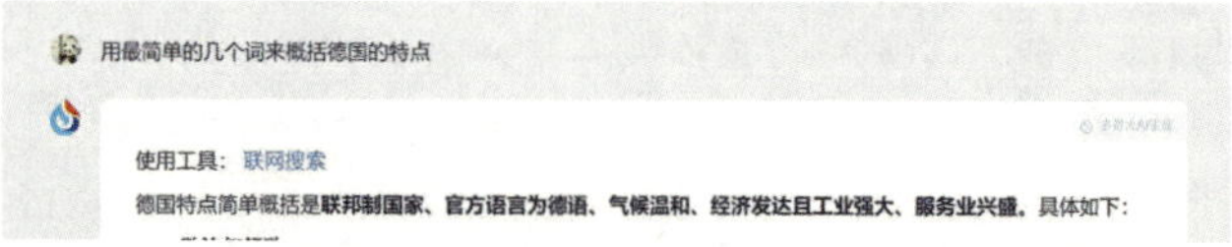

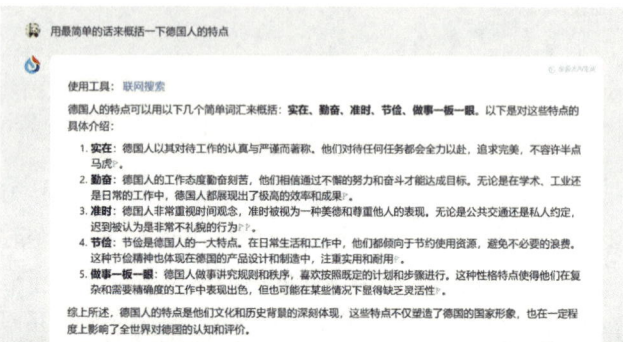

图1：星火AI有关德国特点的回答

图2：星火AI有关德国人特点的回答

天，最近几次德国大水淹没数座城市的消息又让不少人"破防"。

以上种种，让我意识到，有关德国、德国人（或德意志人）、德国制造的各种信息，依然需要历史透镜祛魅存真。本书便是这样一种尝试。

首要的问题是：今天的35.8万平方千米土地就是我们讲述德国历史的舞台吗？肯定不是。倒退100年，波兰城市格但斯克还是德国著名作家、诺贝尔文学奖获得者君特·格拉斯的家乡但泽。倒退200年，奥地利依然是德意志地区的最大邦国，没有奥地利的德意志是当时人无法想象的场景。倒退300年，伟大的哲学家康德生活在今属俄罗斯的城市加里宁格勒，那时叫作"柯尼斯堡"，普鲁士王国的旧都。倒退1 000年，德意志的版图曾向南覆盖到意大利北部，向东扩展到捷克，向西控制洛林。

如此看来，讲述德国的历史，必定需要超越今日的空间局限，在时间长河里追踪"德意志道路"。

有关"德意志道路"的研究已有很多。概括说来，人们大致有两种判断。第一种观点认为，这是一条具有独特性的道路。它不同于邻国英、法，特别是德国很晚才实现国家统一，成立民族国家。由于未能建立资产阶级民主体制，军国主义迅速膨胀，德国成为两次世界大战的元凶之一。直到1990年两德统一，德国才回归"正常道路"。第二种观点认为，这是一条具有普遍性的道路。德意志文化是欧洲文化的重要组成部分，它的发展构成了欧洲普遍历史的内容之一。尤其是在欧洲一体化的背景下，德国历史中的神圣罗马帝国甚至被视作欧盟运行模式的雏形。

其实，这两种判断或许都不完全准确。前者立足于18世纪末19世纪初才兴起的民族主义观念，过于神化了英、法等国家现代转型的一致性，严重忽略了德国历史与欧洲历史之间的纠缠关联。后者则明显反映了"当下主义"的诉求，无视德国历史发展不同阶段的特殊条件。

本书试图超越这两种判断，站在中国的立场，来描述并思考"德意志道路"的实质及其留下的经验和教训。我认为，在"德意志道路"中，人们能够发现德意志民族找寻符合当时自身需求的国家形态的思维和方法。有时，它的确找到了一条特殊道路。有时，它更认同周边国家的普遍做法。每次变化，它都会对此前的选择进行反思。这种把特殊性和普遍性纠缠在一起的思考习惯，或许同样是我们今天推进"中国式现代化"所亟需的。

在"德意志道路"上，出现的国家名称有：德意志王国、神圣罗马帝国、德意志联盟、德意志帝国、魏玛共和国、纳粹德国、联邦德国、民主德国、新联邦德国等。这里涉及的国家形态从王国到帝国，从邦联制到联邦制，从民主制到独裁制，从资本主义制度到社会主义制度等。这样的制度转换，如同德国的领土变化那样，都是西方国家里不多见的历史现象。本书的主线正是德国历史上不同类型的"国家"及其演进的过程。

第一章　德意志人的崛起

骑着马的日耳曼部落首领

德国曾出土一块画像砖，年代应在公元元年前后。上面画着一位日耳曼部落首领骑马作战的形象。他右手持矛，左手持盾，头上似乎还戴着头盔。数百年后，日耳曼骑兵给古罗马世界来了巨大冲击和无尽烦恼。德意志人正是在此背景下崛起，成立自己的王国。

说到"德意志人"（Deutsch），必定离不开"日耳曼人"（Germanen）。由于这两个词在英语中被分别翻译为"German"和"Germanic people"，中文世界受此影响，常常把"德意志人"和"日耳曼人"混淆使用。其实，这两个词有联系，也有区别。简单来说，"德意志人"来自"日耳曼人"，前者是由后者的一些部落组合而成的。"德意志人"的崛起是"日耳曼人"席卷欧洲西部的后果，但又是日耳曼人内部分化和重组的结晶。

据考古发现，在今天德国境内，大约70万年前，一些原始人已经出现，但他们在数万年前神秘消失了。后来占据德国以及周边地区的日耳曼人可能来自中亚到印度北部一带。公元前2000年前后，他们主要生活在波罗的海和北海沿岸一带。日耳曼人与西边的凯尔特人、东边的斯拉夫人是当时活跃在欧洲大陆的三大"野蛮人"族群。

"日耳曼"这个名称来自古罗马人和高卢人（凯尔特人的一支）。在罗马人眼里，这批生活在莱茵河以东、多瑙河以北地带的原始部落发展比较落后，属于"野蛮人"。语言学家猜测,或许因为日耳曼人作战时喜欢哇哇乱叫,或者使用标枪为武器,罗马人才把他们称作"日耳曼人"(Germanus),即"大喊大叫的人"或者"扔标枪的人"。

有关日耳曼人的早期生活情况,除了一些考古遗址和神话传说,公元元年前后,一些罗马将军(如恺撒)和历史学家(如塔西佗)还留下了观察报告。尽管这些报告在描述上不太相同,有些甚至大相径庭,但我们依然可以大致完成拼图,基本知晓当时情形。

首先,"日耳曼人"是由众多部落集合而成的"概念",并非单个"实体"。当时,罗马人只不过是把文明程度低于自己的一群人统称"日耳曼人"。在日耳曼人内部,实际上可以分成数十个大小不一的部族。按照区域来分,主要有三支部族群:东日耳曼人,如哥特人、勃艮第人、汪达尔人等;北日耳曼人,后来以诺曼人或维京人的名称出现;西日耳曼人,如盎格鲁人、撒克逊人等。这些部族的发展步伐不一致,彼此之间的关系相当复杂,有时结为联盟,有时兵戎相见。

其次,公元元年前后,日耳曼人的生产生活水平依然处于原始社会末期。家庭是核心,实行一夫一妻制,女性的地位较高,甥舅关系得到普遍重视。人们主要以狩猎捕鱼为生,保持着以物换物的淳朴古风。若干家庭组成"百户",若干"百户"构成"部",全部"部"集

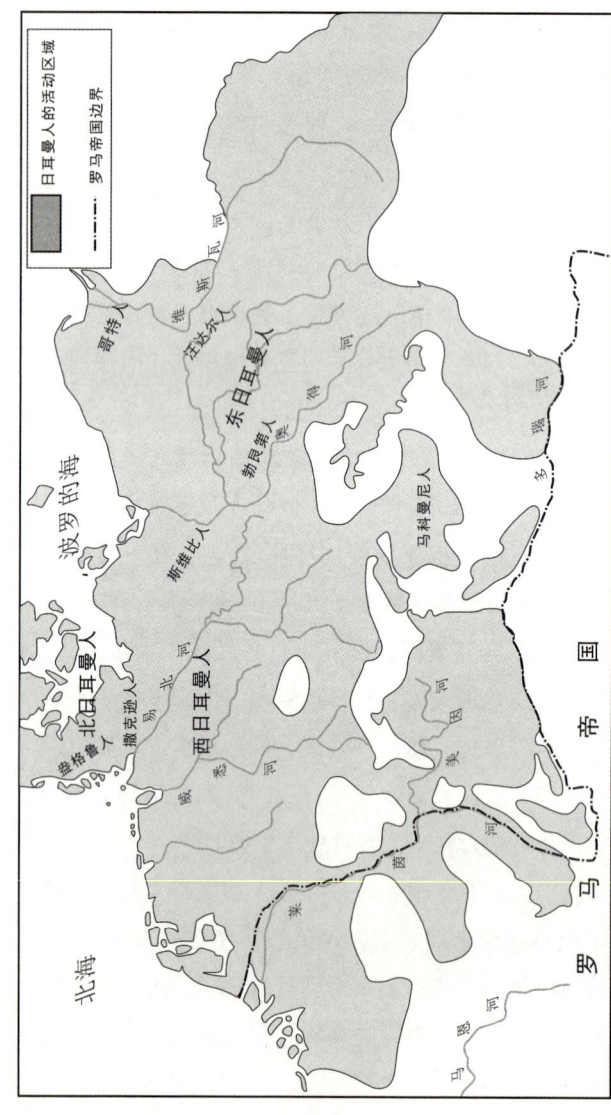

古代日耳曼人主要部落的分布（公元前4年左右）

合为"部族",一些"部族"联合为"部族联盟"。"全体大会"决定所有重大事件,部族首领负责日常事务与对外征战。马克思和恩格斯后来把这种模式称作"日耳曼公社所有制"或"马尔克公社制"。一些学者也把它定义为"日耳曼民主"。事实上,很多民族在原始时代都经历过类似的阶段。随着时间的推移,这种公社形态慢慢解体。一些部族首领自称为"王",其家人为王族,为他们服务的军事首领和管理者构成了首批贵族,其他族民沦为劳动者或仆从。阶级社会逐渐形成。

雷神托尔

最后，日耳曼人流行尚武风气。据说，他们的观念是"可以用流血的方式获得的东西，如果以流汗的方式得之，未免太文弱无能了"。从孩童起，他们就勤于苦练武艺。成丁礼是当众接受矛、盾一类的武器。青年人常常蓄须明志，直到亲手杀死一个敌人，显示自己的勇敢无畏后，才站在敌人尸体上剃掉胡须。在早期日耳曼神话里，主神奥丁便是战神。他的儿子托尔是雷神——后来成为美国漫威电影中的重要角色。

公元前113年，这群尚武的日耳曼人第一次让自诩高贵的罗马人吃了败仗。当时，可能由于大洪水的影响，两支日耳曼部落离开了日德兰半岛北部的家园，南下跨过多瑙河，来到今奥地利一带，与罗马人展开了三次对决。在日耳曼骑兵的轮番冲击下，素以重装步兵作战的罗马军团优势尽失，落荒而逃。不过，对罗马人而言，幸运的是，这两支部落并未乘胜追击，直捣罗马，而是转向西部，越过莱茵河，试图到高卢和西班牙定居。

10年后，上述两支日耳曼部落从西班牙折返，在高卢南部和意大利北部，再次与罗马军团相遇。这一次，罗马将军马略赢得了胜利。据称，一部分被包围的日耳曼人为了不当奴隶，慨然自杀。这让罗马人对日耳曼人有了更为真切的印象。

随着更多日耳曼人的陆续南下和罗马人的持续北

条顿堡森林中的赫尔曼纪念像(Hermannsdenkmal),19世纪建造

扩，两个世界很快在莱茵河与多瑙河一带隔岸相望。公元前58年，恺撒北征高卢时，越过莱茵河，降伏了附近的几个日耳曼部落。此后数十年间，罗马人大致征服了从莱茵河以东直到威悉河，部分延伸到易北河的广大地区。这块地区被取名为"小日耳曼尼亚"。它又分为两个行省，分别是上日耳曼尼亚和下日耳曼尼亚。尚未被罗马人征服的地区被取名为"大日耳曼尼亚"。

在罗马人的统治下，一部分日耳曼人虽然获得了先进的生产技术，过上了较文明的生活，但也遭到严苛盘剥。他们不得不缴纳高额税款，还须服役，如奴隶那样听从号令。这让部分日耳曼人深感不平。舍鲁斯奇部落的首领阿尔米尼乌斯（Arminius，约前17—约21）在公元9年揭竿而起，把罗马帝国驻日耳曼尼亚军队总司令瓦鲁斯诱入崎岖难行的条顿堡森林（今奥斯纳布吕克附近），并成功消灭了三个罗马军团。此役震惊罗马，皇帝惊呼："瓦鲁斯，瓦鲁斯，还我军团！"这场战役后来被一批德意志历史学家视作民族崛起的标志性事件，阿尔米尼乌斯也得到了一个德意志名字"赫尔曼"（Hermann），成为第一位"民族英雄"。其实在当时，阿尔米尼乌斯的行动并没有得到其他部族的支持，甚至还被他们出卖。

罗马人为了进一步征服（同时也为了防御）日耳曼人，自公元1世纪后半叶起，在小日耳曼尼亚和大日耳曼尼亚之间陆续修筑了连绵550千米的国界线，即"利姆斯墙"（Limes）。这一边墙的长度仅次于中国长城。它北起北海，南到莱茵河上游，主要由土墙、石墙、壕沟、栅栏、瞭望塔（每400米1个，共900多个）和要塞（每15千米1个，共120个）组成。这些要塞设置军营、堡垒和居民点，后来演变为德意志的第一批城市，如科布伦茨、雷根斯堡、魏森堡等。

当然，利姆斯墙无法完全割裂罗马人的世界和日耳曼人的世界。罗马技术、日耳曼物产以及双方的神话在接下去的两百年间依然交往频繁。一些日耳曼人学会了拉丁语，复刻罗马人的生活习惯乃至法律法规。罗马人也开始雇佣少量日耳曼人加入军队。

这样的准和平场景在公元4世纪下半叶突然落下了帷幕。引发这场变动的最初推动力可能来自遥远的中国。公元1世纪，东汉军队取得了对匈奴作战的决定性胜利。不愿臣服的北匈奴逐步西迁，与中亚、西亚、东欧等地的当地人融合，以匈人之名，于公元374年出现在黑海地区，同日耳曼人正面交锋。在这场对决中，本来还算彪悍的日耳曼人很快败下阵来。他们或投降，或整体西迁。这就是持续一百多年的"日耳曼部族大迁徙运动"。

有些部落逃得特别快，如盎格鲁人、撒克逊人等，飞速从大陆逃到不列颠岛上。有些部落闯入罗马世界，

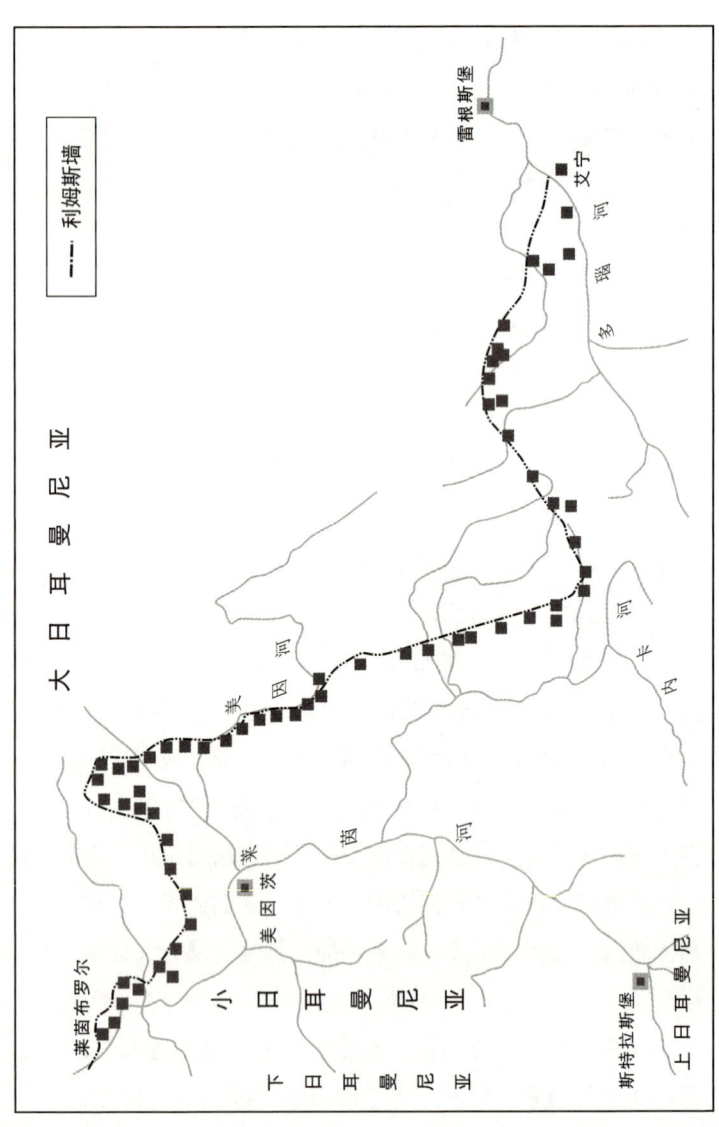

利姆斯墙

黑森州巴特霍姆堡（Bad Homburg）北面的萨尔堡（Saalburg），19世纪修复

横冲直撞，如汪达尔人在西班牙停留后又渡过直布罗陀海峡，席卷北非，随后渡海回到欧洲，洗劫罗马。有些部落主动依附罗马人，进一步推动了罗马军队的"蛮族化"。

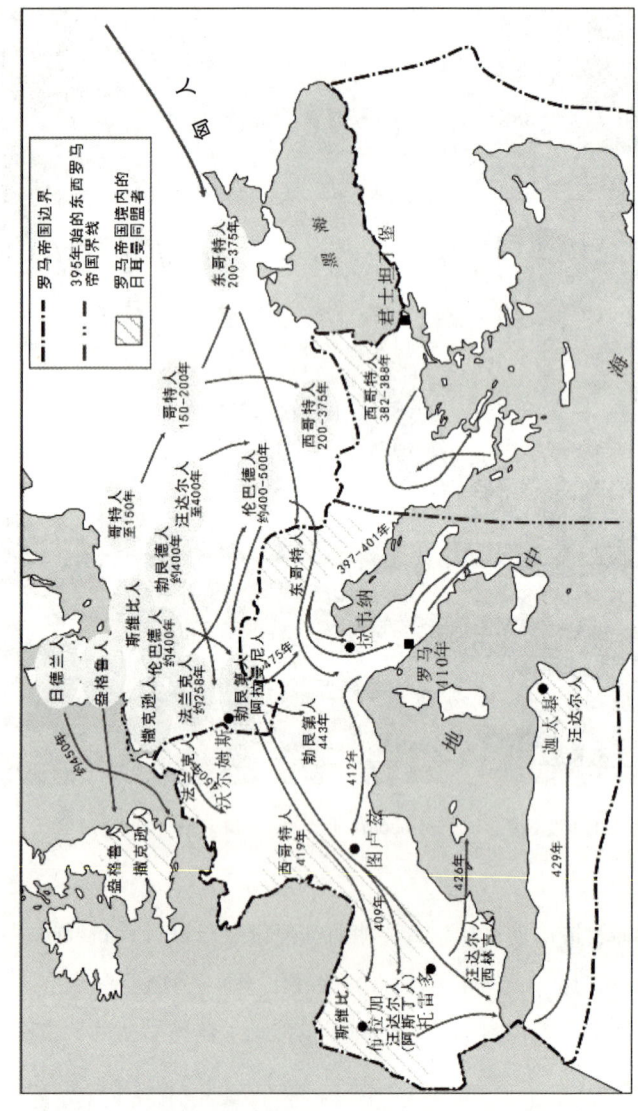

公元4—5世纪的日耳曼部族大迁徙

日耳曼人对罗马的洗劫（木刻画，1865年）

在匈人之王阿提拉暴亡后，罗马人发现，匈人的威胁虽已解除，日耳曼人却如同"残暴的野兽挣脱了囚笼"，构成了真正的心头之患。然而为时已晚。476年，日耳曼人奥多亚塞废黜了西罗马帝国末代皇帝，并以东罗马帝国皇帝代理人之名执政。至此，日耳曼人成为西欧地区的主体族群。他们在罗马人的土地上先后成立了一批王国。

如何治理社会，是这批日耳曼部族碰到的首要难题。他们原本想着脱离罗马人的管辖，便可以随心所欲了。他们迫使各地的罗马贵族剃去长须，穿上日耳曼人的服装。罗马人的教堂被毁，主教们沦为阶下囚。西哥特人甚至还想抹掉"罗马"这一名称。然而不久后，不断出现的各种混乱终于让各国首领意识到，罗马的治国术依然是有效的。他们着手汇编罗马法规，并尝试将之与日耳曼习惯法融通起来。有些国王启用了罗马贵族来进行管理。罗马的葡萄栽培术、建筑学等到处得到模仿。日耳曼人也放弃了万物有灵论，皈依基督教中的阿里乌派（即不接受圣父、圣子、圣灵三位一体说，而认为圣子是一位具体的、有形的神）。贵族们愿意到城市生活，饮食习惯、穿着打扮都悄悄地向罗马人看齐。几乎所有国王都向东罗马皇帝致敬，表示自己是"守土者"，为罗马帝国管理边疆。

在所有小王国中，最强大且对后世影响最大

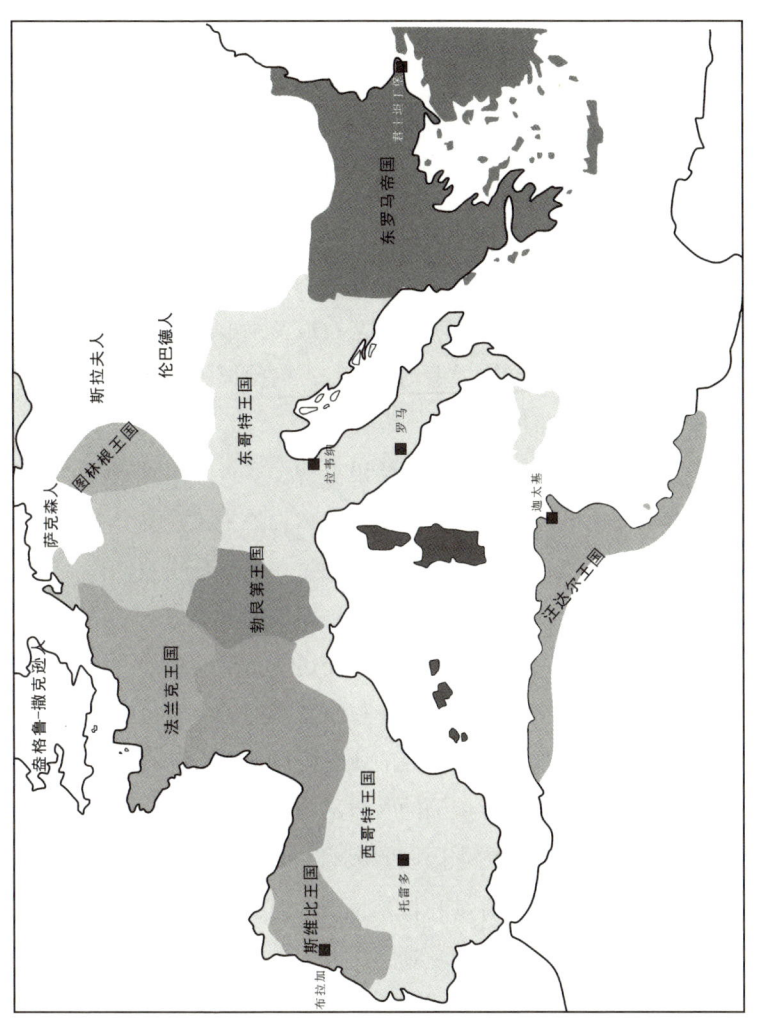

日耳曼小王国分布

的，莫过于以巴黎为中心的法兰克王国。"法兰克人"（Franken），意为"自由者"或"勇敢者"。他们早年生活在莱茵河中下游地区，后来进入高卢。公元486年，墨洛温家族的克洛维（Chlodwig I, 466—511）率部击败了罗马军队，建立法兰克王国。大约在496年，他率整个部族接受洗礼，从阿里乌派转向基督教正统派，从而让他得到了罗马教廷的支持。在他的统治下，法兰克王国不断扩张，占领了几乎全部高卢以及莱茵河以东的广大地区。他还把夺来的罗马贵族地产封给扈从，构建起封君—封臣的采邑制雏形。

不过，墨洛温王朝的统治没有持续多久。当时盛行的兄弟平分家产的原则是统治危机出现的主要根源。绝大部分日耳曼部族都相信：包括国王在内的首领们具有某种神力，而这种神力只能均等地遗传给他的每一个儿子。自然死亡者要把分治的区域交还给兄弟们继续平均分配，直至最后一位同代人有权恢复完整领土。这种做法的好处在于能够动员王族的所有力量来维护统治，但显然不利于每个王子周围的利益集团，因为他们的权力必然受到重新分配治理区域的影响。如此一来，王国内部纷争不断，极大削弱了王权。

正是在这一局势下，有一支力量慢慢崛起。这就是担任宫相的丕平家族。他们利用国王惰政的机会，大肆揽权。第三代人查理（Karl Martell, 688/689—741）率

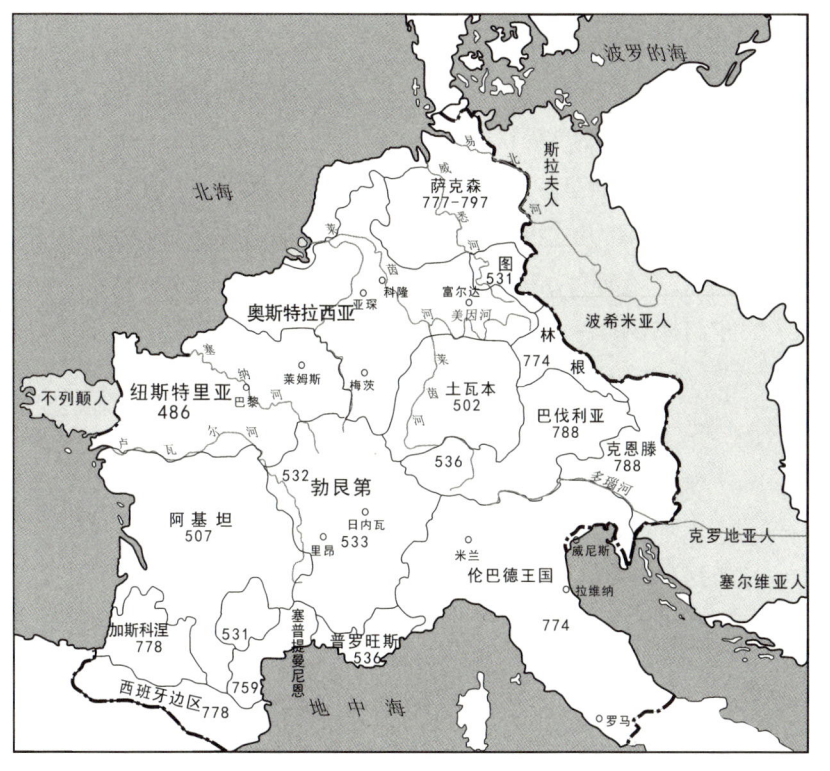

法兰克王国的扩张

军在普瓦捷战胜阿拉伯人,被献上了"锤子"的美誉,家族声望大涨。第四代人小丕平(Pippin der Jüngere,714—768)不仅继续掌握权力,而且想方设法地拉拢罗马教皇。他派人前往教廷,有意询问"不拥有国王权势的法兰克国王"是否可以变更。心领神会的教皇回答说:"最好是奉掌握权力的人为国王!"如此,小丕平在751年接受教皇特使的涂油膏礼,完成了所谓的"神力转移",成为法兰克王国的新国王。他的家族遂上升为王族,"查理"在拉丁文中为"卡洛斯",故历史上称为卡洛林王朝。

小丕平去世前,依然按照兄弟平分家产的原则,将国土一分为二,交给两个儿子分别管理。幸运的是,次子不到三年就去世了,长子很快重新统一国土,阻止了卡洛林王朝过早踏上墨洛温王朝衰亡的老路。这位长子就是赫赫有名的查理大帝(Karl der Große, 747?—814),又称"查理曼"(Charlemagne)。

传记作家记载,这位查理大帝身材高大、前额高耸、胸脯宽阔,举手投足强壮有力。他意志坚定、勤奋努力,总是喜欢骑马巡视四方。据称,他在位47年间,骑马行程达九万千米,能绕地球两圈多。他一生征战50多次,常见的形象是"戴头盔,加护甲、铁护胸,两个宽肩上还有铁护甲;左手高擎铁矛,右手挥动胜利长剑,大腿以铁鳞片保护,盾牌皆钢铁制成"。在一次次的血腥对决中，100多万人失去了生命。为了控制住新的征服区，他还强制迁离数万当地部族居民。在他的统治巅峰期，法兰克王国北起北海和波罗的海，南到意大利，西至大西洋，东及易北河，是当时欧洲西部最大的王国。

查理大帝

公元800年，查理大帝出兵罗马，把教皇从罗马贵族手中解救出来。为了表示感谢，当年圣诞节，教皇利奥三世突然为正在做弥撒的查理戴上了皇冠，称他为"查理，由上帝加冕的奥古斯都殿下，给予和平统治的罗马帝国的皇帝、受上帝恩宠的法兰克和伦巴德的国王"。这是西罗马帝国灭亡后第一次重新出现"奥古斯都"的称谓，意味着查理大帝成了西欧的最高主宰。

教皇利奥三世为查理加冕为帝（14世纪绘画）

然而，查理大帝依靠武力和君权神授的光环打下的江山，却在不到半个世纪里分崩离析了。查理去世时，他只有一个儿子在世，故而国家维持住了统一局面。但新皇帝"虔诚者"路易（Ludwig I der Fromme，778—840）本想改变继承方式，确立单一继承制，结果遭到儿子们的强烈抵制。在他去世后不久，843年，三个儿子洛塔尔一世（Lothar I，795—855）、"德意志人"路易（Ludwig der Deutsche，806—876）、"秃头"查理（Karl der Kahle，823—877）签署《凡尔登条约》（Vertrag von Verdun），把帝国一分为三，兄弟三人分别控制中法兰克王国、东法兰克王国和西法兰克王国。此举基本奠定了后世意大利、德意志、法兰西的版图。此后，东、西法兰克王国联手压制中法兰克王国，共同瓜分了洛林地区。880年，两国再次签订条约，把洛林地区全部划给东法兰克王国。

如果按照兄弟平分家产的原则，法兰克王国的这次分割不过是分治历史的再现。但是，当911年东法兰克王国的末王"孩童"路易（Ludwig IV das Kind，893—911）去世后，西法兰克王国提出合并诉求时，却遭到了东部贵族们的集体反对。这是为什么呢？

这主要是同东西部族发展的不同路径息息相关。西部的日耳曼部族与罗马文化的融合更深，制度罗马化，语言拉丁化。与此相反，东部的日耳曼部族依然受传统

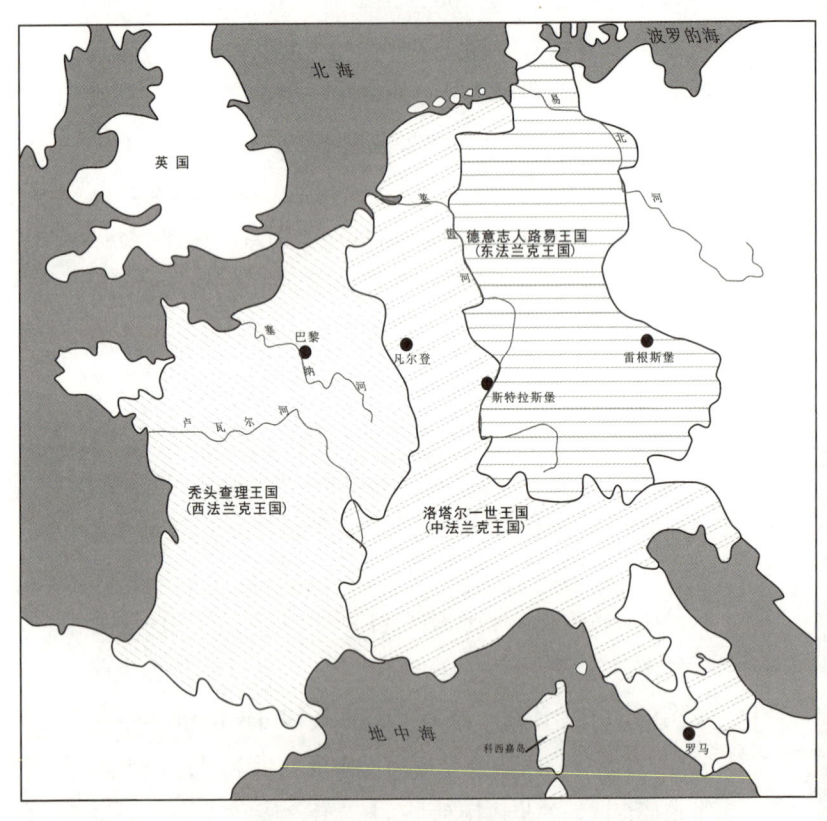

《凡尔登条约》(843年)的划分

影响较多，四大部族法兰克尼亚人、萨克森人、施瓦本人、巴伐利亚人更愿意维护传统法，继续使用土语。这种分野早在查理大帝时就已出现。当时，在一个宗教会议上，东西部分别使用了"古高地德语"（Theodisca）和"拉丁语"。842年，"德意志人"路易和"秃头"查理签订的《斯特拉斯堡誓言》便是双方用古高地德语和古法语高声宣读的。与此同时，东部人还用"条顿人"这一古日耳曼部族的名称指代自己的语言，称作"Teutonicus"。886年，一位东部诗人曾这样写道，"我们"就是说"Teutonisch"或"teutsch"语的人。"Theodisca"和"Teutonicus"后来逐渐合并，产生了"Teusch"（即Deutsch）一词，中文音译为"德意志"。由此，语言带来的文化意识不断强化着东部日耳曼人的自我认同。

不仅如此，东西法兰克王国面临的外部环境不同，也进一步增强了东部部族的离心力。9世纪后，东法兰克王国不断面对北方的丹麦人、东欧的斯拉夫人和马扎尔人的连番侵袭。对四大部族而言，他们更需要一位熟悉当地事务的强者来整合力量，共同抗敌。

语言和安全观的趋同，让四大部族拒绝了西法兰克王国提出的合并诉求，另行选举卡洛林家族的女系子孙、法兰克尼亚公爵康拉德一世（Konrad I，约881—918）为新国王。7年后，康拉德一世在战争中受伤去世。他临终前推荐萨克森公爵"捕鸟者"亨利（Heinrich I der Vogler, 876—936）为继任者。这一想法得到了其他公爵的赞同。由于"捕鸟者"亨利与卡洛林家族无血缘关系，故一般认为，东法兰克王国于919年亨利登基时落幕。这一年也被视作德意志王国的开端。

"捕鸟者"亨利（19世纪画，传说亨利在得悉当选国王时正好在捕鸟，故有此绰号）

推荐书目：塔西佗的《日耳曼尼亚志》

最早全面记载古代日耳曼人的文献，就是古罗马历史学家塔西佗所著《日耳曼尼亚志》（中文版由马雍、傅正元译，商务印书馆2011年版）。塔西佗担任过罗马帝国的行省总督，演说才能出众。他留下了五部历史著作，《日耳曼尼亚志》是其早年作品之一，成书在公元98年。该书共46节，详细描述了日耳曼人生活的自然地理环境、区域分布、风俗习惯、生活面貌等。当时，罗马社会风气不佳，塔西佗希望借"民风淳朴"的日耳曼

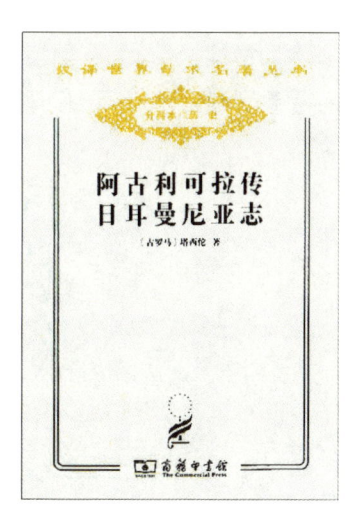

塔西佗的《日耳曼尼亚志》

人来批判罗马人贪图享乐的问题。正因如此，在他的笔下，日耳曼人不与异族通婚而"保持自己纯净的血统"，拥有"自由精神"，为人"忠诚"等。西罗马帝国灭亡后，这部书被人们遗忘了。直到1425年，它在德意志地区的一家修道院里被人重新发现。1458年，一位主教撰写《德国志略》，首度把日耳曼人与德意志人视作一个民族。随后，《日耳曼尼亚志》在德语地区开始流行起来，日耳曼人是"纯粹战士"的描写得到了越来越多德意志人的追捧。在19世纪，一方面，日耳曼人"纯净血统"的说法成为种族主义学者笔下的常见引证，另一方面，恩格斯在《家庭、私有制和国家的起源》《论古代日耳曼人的历史》等著作和论文中也引用了该书来描绘原始民主社会的情景。今天，我们结合该书描写与考古发现，能够大致了解公元元年前后日耳曼人的基本情况。

名胜古迹：亚琛大教堂

在今日德国的最西端，距离荷兰和比利时边境仅5千米处，有一座闻名于世的文化古城——亚琛（Aachen）。据说，2 000多年前，有人在这里发现了温

亚琛大教堂

泉。公元前1世纪前后，古罗马人在此地建起了温泉设施，逐渐形成聚落，他们用"水"（拉丁文Aqua）和医神（拉丁文Apollo-Granus）将之命名为"Aach"，即"水"。法兰克王国卡洛林家族的小丕平在此地建立了城堡。查理大帝很喜欢亚琛。768年，他加冕为王之后的第一个圣诞节，就在此地度过，并不断增添各种建筑。在792—814年间，亚琛成为法兰克王国的政治中心，查理大帝几乎常驻这里，处理政务。他希望把亚琛打造为第二个罗马。正是在这一时期，他建起了亚琛大教堂（Aachener Dom）这座宫廷礼拜堂。

亚琛大教堂是联合国教科文组织世界遗产名录内的第一处德国古迹（1978年入选）。1988年，德国考古学家还在此发现了查理大帝的遗骸。这座教堂结合了拜占庭和法兰克两种风格。整体呈方形，屋顶为圆拱形，建筑材料主要是色彩斑斓的石头，教堂大门是青铜制品。它高3.9米，长期是德意志地区最高建筑。大教堂的核心是夏佩尔宫，这是一座八角形的风格独特的建筑物。里面陈列着查理大帝的大理石宝座、神圣罗马帝国皇帝"红胡子"弗里德里希一世赠送的烛台等各种稀世珍宝。在16世纪前，这里曾32次成为德意志国王加冕之地。

第二章　千年帝国的兴衰

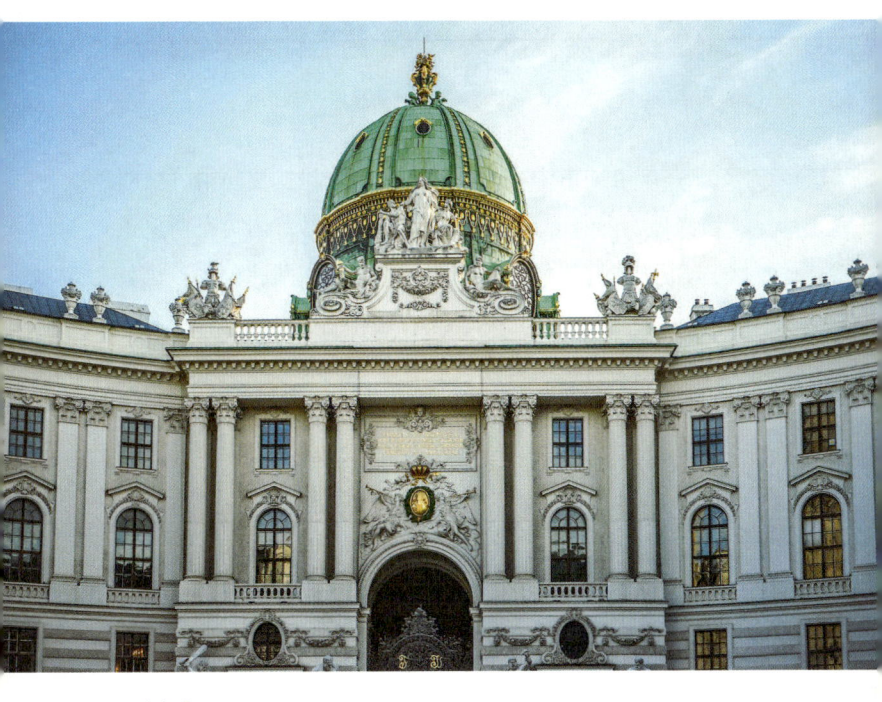

霍夫堡宫

神圣罗马帝国皇冠（藏于维也纳霍夫堡宫皇家珍宝馆）

在维也纳市中心，有一处闻名于世的建筑群，名叫"霍夫堡宫"（Hofburg）。这是神圣罗马帝国哈布斯堡王朝皇帝的主要居住地。中国人熟悉的"茜茜公主"也曾生活于此。今天，它的一部分是奥地利总统的官邸，另一部分作为博物馆开放给游客。宫内有一座"皇家珍宝馆"（Kaiserliche Schatzkammer），里面收藏着哈布斯堡皇族的各类奇珍异宝。其中最知名的一件藏品，莫过于神圣罗马帝国的皇冠。这顶皇冠是由纯金打造的，八块板上镶嵌着144颗各类宝石，板上还有《圣经》中的一些故事。中间是一座十字架，象征着皇帝在宗教领域内的权威。据考证，该皇冠是由神圣罗马帝国的第一任皇帝奥托一世（Otto I der Große, 912—973）下令制造的，

19世纪初曾被拿破仑掠到法国,回归后长期收藏在纽伦堡,二战后保存在维也纳。在长达千年的时间里,德意志人是极少数能够拥有"皇帝"称号的欧洲民族。这顶皇冠展示了他们在中世纪的荣光,当然也见证了德意志历史的一段兴衰成败。

德意志王国的历史始自"捕鸟者"亨利一世当选为国王,神圣罗马帝国的历史则从他的儿子奥托一世称帝拉开帷幕。

奥托一世是亨利一世的长子。亨利一世去世时,他才18岁。据说,他高大魁梧,有着"雄狮般"的猛力,但目不识丁,生性风流。登基时,王族成员和其他部族并不看好他,甚至有些人发起了叛乱。然而不到十年,奥托一世便让人刮目相看。他有勇有谋,一手强力镇压反叛者,另一手用各种"掺沙子"的方式分化地方诸侯的权力,其中影响深远的举措是"帝国教会体制",即由国王直接任命地方神职人员,由他们来分割土地和管理权。与此同时,他还不断东扩,在斯拉夫人的土地上设立移民区。今天的汉堡、不来梅以及勃兰登堡等地都是当时被纳入德意志地盘的。955年,他在奥格斯堡近郊的莱希河谷彻底打败了马扎尔人,在很长时间内保证了西欧地区的安定生活,由此赢得了"奥托大帝"的美誉。

东征西讨的奥托一世很快引起了教皇约翰十二世的关注。当时，这名年轻的教皇不断受到伦巴德人的侵扰。在反复权衡后，他决定向"虔诚而坚强不屈的奥托"求救，请奥托一世到罗马"救驾"。这为德意志人模仿100多年前查理大帝南下的盛举打开了大门。教廷史书后来如此写道，这名"蛮族国王"带着德意志人"如蝗虫般"涌进了罗马城。德意志人用刀剑捍卫了教皇，但同时也得到了丰厚回报：约翰十二世被迫为奥托一世涂抹圣油，戴上查理大帝当年的皇冠。回到本土后，他下令制作了属于自己的皇冠。

奥托一世与他的皇后（19世纪绘画）

自此，德意志王国升格为帝国，奥托一世也得到了"奥古斯都"的称号。他的儿子奥托二世（Otto II, 955—983）得到了东罗马帝国的认可，迎娶了后者的公主，遂始称"罗马皇帝"。11世纪初，康拉德二世（Konrad II, 990—1039）定国号为"罗马帝国"。12世纪中叶，"红胡子"弗里德里希一世（Friedrich I der Barbarossa, 1123—1190）改国号为"神圣帝国"。不久，两号统一，即为"神圣罗马帝国"（Heiliges Römisches Reich）。

从962年奥托一世加冕为帝，到1806年神圣罗马帝国解体，在接近一千年的时间里，德意志人的国家经历了一番兴衰起伏。其中起关键作用的是两对关系，即政教关系和央地关系。

政教关系指的是皇权和教权之间的关系。无论查理大帝还是奥托大帝，他们在罗马的加冕为世人理解政教关系制造了一种困境：一方面，两名北方强人南下解救教皇，用武力平定混乱，似乎皇权可以高于教权；另一方面，唯有教皇才有权为人加冕，似乎又表明教权高于皇权。

央地关系指的是中央权力和地方权力之间的关系。"捕鸟者"亨利一世是由四大公爵选举产生的。这是否说明地方权力应该高于中央权力？但亨利一世可以把王位传给自己的儿子奥托一世,似乎地方权力又无法干涉中央权力。

在接下去的历史长河里,正是政教关系、央地关系的不断变化以及彼此纠缠的连接,决定着神圣罗马帝国的发展路径。简单来说,帝国发展由于这两对关系的不同形态,大致经历了四个阶段。

第一阶段是最初100年(962—1056)。在该时期,皇权高于教权、中央权力高于地方权力。帝国发展迅速,势力不断扩张,很快成为欧洲世界的霸主。

奥托一世加冕后不久,便与约翰十二世发生了矛盾。于是,第二年,约翰十二世被废黜。奥托一世挑选了一个普通信徒担任教廷的首脑。据说,这名新教皇在一天之内就接受了从教士、主教到教皇的所有圣职。奥托一世的子孙们娴熟地出入罗马,用废立教皇的方式来证明皇权的至高无上。奥托二世有意安排了皇室成员、一个德意志人历史性地担任教皇,即格里高利五世。不仅如此,他还确立了皇帝在帝国统治领域内任免主教的权力,这就是"主教叙任权"。亨利二世(Heinrich II,973—1024)即位后拒绝接受教皇赠送的皇权金球。到亨利三世(Heinrich III,1017—1056)在位时,不仅连续废黜三名涉嫌贿选的教皇,还大力推动教会改革。

这些强势的皇帝们还不断地分化和压制地方势力。

帝国金球（12世纪，哈布斯堡家族制作，现收藏于维也纳）

亨利三世（中间），拿着权杖和金球，两边是修道院长（1040年绘画）

奥托一世开始的"帝国教会体制"发挥了巨大作用。皇室的大量子弟被任命为各种类型的神职人员。他们得到了土地,获得了世俗管理权,成为当地的行政长官。其他地方势力的反叛活动都被皇室军队镇压。亨利三世还亲自兼任法兰克尼亚公爵和施瓦本公爵,扩大了皇权的统治基础。不仅如此,亨利三世连续攻打匈牙利人、波兰人、斯拉夫人,稳定了帝国的东部边界,又以决斗的方式吓退了法国国王,扩大了西部边疆,被当时人誉为"上帝在地球上的总督"。

倘若这一阶段的统治模式继续推进,德意志人的国家很有可能成为中央集权式的欧洲霸主。然而出人意料的事情发生了。1056年,正值壮年的亨利三世突然去世。这也成为神圣罗马帝国发展的第一个转折点。

第二阶段(1056—1356),皇权与教权开始了长达三百年的纠缠斗争,双方力量此消彼长。正是在教皇势力的支持下,德意志地区的地方诸侯慢慢形成了针对皇权的对抗力量,央地关系的天平出现了变化。

政教关系的第一次大规模冲突出现在亨利四世(Heinrich IV,1050—1106)与教皇格里高利七世之间。亨利四世6岁即位,很长时间都不得不依仗几位大主教来处理政务。这使得他成年后特别在意皇权,绝不允许其他力量染指德意志事务。无独有偶,格里高利七世来自教会改革派,一直主张教权至上,反对任何世俗权力

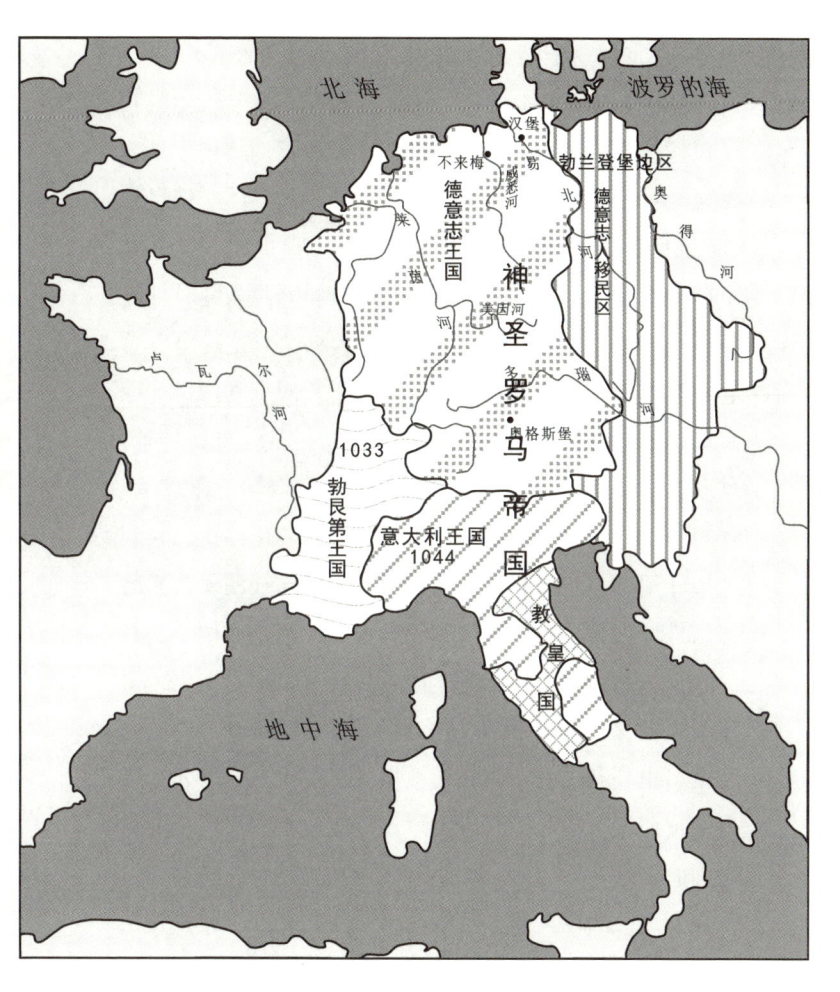

1050年左右的神圣罗马帝国版图

介入教会事务，甚至还提出了教皇有任免皇帝的权力。显然，这两人是针尖对麦芒，谁也不会让着谁。

很快，导火索出现了。这就是1076年米兰大主教叙任风波。老主教去世后，亨利四世按照惯例指定了一名新主教。孰料格里高利七世坚决不予批准。亨利四世立即组织了一个主教会议，宣布废黜教皇。与之对应，教皇同样组织了一批人，宣布把亨利四世开除教籍，并呼吁所有教徒起来反抗"异教徒"。教皇的"破门令"看起来在德意志地区的反响更好。一批反对亨利四世的地方诸侯聚拢起来，对皇帝形成了直接挑战。见此场景，亨利四世立刻决定以退为进，毕竟"好汉不吃眼前亏"嘛！1077年1月，他冒着大雪，爬过阿尔卑斯山，来到教皇驻留地、意大利中部托斯卡纳的卡诺莎城堡，赤足在门外忏悔三日，终于得到了教皇的原谅，撤回了"破门令"。教籍恢复的亨利四世立刻杀回德意志本土，镇压了反对派，重新积聚力量。不久，他率军攻占罗马，废黜格里高利七世，另立新教皇。米兰大主教的人选也只能按照皇帝的心愿来确定。这一次政教冲突以皇帝的胜利而告终。

不过，围绕在"主教叙任权"问题上的矛盾，并没有得到彻底解决。皇帝虽然能够用武力压制住教皇，但教皇在精神上的号召力却与日俱增。各地神职人员通过各种方式与帝国力量进行周旋，摩擦不断。1122年，亨

国王（左）为主教（右）授予代表世俗行政权力的权杖（木刻画）

亨利四世（下跪者）向教皇的代表（右）忏悔；"卡诺莎之行"（Gang nach Canossa）成为德语中的一句谚语，表示屈辱之举

利五世（Heinrich V，1081/1086—1125）决定与教皇卡里克斯特二世签署一份宗教协定，来彻底解决这一问题。因这份协定在沃尔姆斯签署，史称《沃尔姆斯宗教协定》。据此，皇帝有权过问德意志境内的主教和修道院院长的人选，并授予当选者以象征世俗权力的权杖；但在意大利和勃艮第，皇帝同意由教皇来确定人选，并应允在6个月后再授予象征世俗权力的权杖；教廷有权向所有当选者授予象征宗教权力的指环和牧杖。显然，

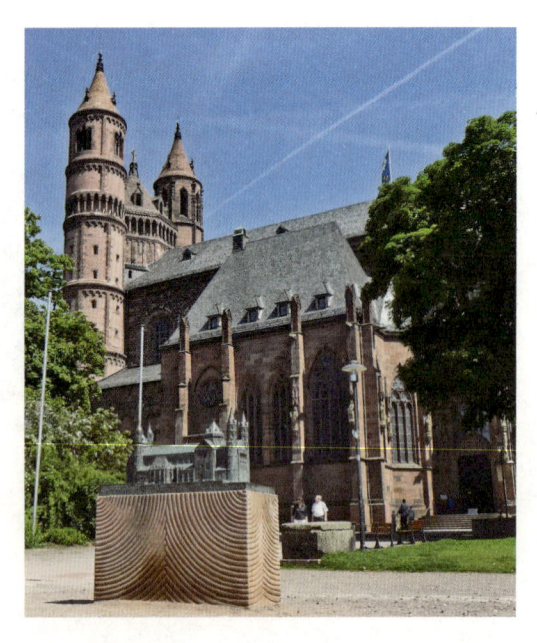

沃尔姆斯大教堂

这份协定并没有完全架空皇帝的权力，但在形式上抬高了教皇的地位，也增强了教皇对意大利北部地区的控制力。当然，它有助于稳定帝国内部局势，所以得到了教俗诸侯的共同签署，被誉为德意志历史上的第一部"国家大法"。

政教关系的第二次大规模冲突出现在12世纪中叶。这次的两位主角也比较特殊。皇帝弗里德里希一世据传杀人如麻、性格刚烈，由此赢得了"红胡子"的绰号。他来自霍亨施陶芬家族——这是德意志王国的新王室。他的舅舅康拉德三世（Konrad III，1093—1152）一上台就宣称德意志国王无需教皇加冕便可称帝。这一点估计影响到弗里德里希一世对教廷的看法。他对教皇的权力不以为然。另一个主角哈德良四世是第一个来自不列颠的教皇，正对自己在罗马的地位不稳深感忧虑。1155年，两人在意大利中部小镇苏特里首次见面时便闹掰了。当时，按照传统，皇帝理应为教皇牵马，并在教皇下马时为他扶镫，但弗里德里希一世却没有照做，因为他认为此举降低了皇帝的地位。作为回应，教皇立即拒绝和皇帝拥吻。这场"礼仪之争"把双方矛盾公开化。两年后，政教之间又爆发了一场法律论争。教皇在给皇帝的信中把帝国描述为教廷的"赠品"，即皇帝是从教皇手中接受"封地"。弗里德里希一世愤怒地发布宣言，强调了"君权神授"理论。不仅如此，皇帝还连续数十年攻打意大利，试图用武力来证明皇权至上。不过，谁都无法保证战无不胜。1176年，帝国军队在米兰大败，"红胡子"因马被长矛击中而跌落受了重伤，靠着乔装打扮才逃过一劫。在此之后，皇帝转变了策略，决定与教皇和好。1177年夏，皇帝在威尼斯觐见教皇。有记载说，他"被人领过大街"，在圣马可大教堂门口，不顾尊严，"扑倒在教皇紫袍前，跪在使徒继承人面前，吻他的脚"。教皇则宽宥了政敌，给了他"和平之吻，并为他祝福"。不仅如此，皇帝终于履行了22年前不愿意遵循的礼仪，为教皇牵马扶镫。随后，他还参加了教廷组织的第三次十字军东征，并最终在行军途中去世。这次政教冲突的结果，最终以教皇的胜利而告终。教廷不仅排斥了皇帝的干涉权，而且还乘机提出了"教皇权力至上"的理论，如英诺森三世甚至自诩为"万王之王、万主之主"！

正是在皇权和教权的一次次交锋的冲击下，帝国内部的央地关系也出现了明显转变。当一些地方诸侯发现皇帝不再是神圣不可侵犯的主宰时，他们便不断培植自己的势力，大肆建造各类城堡，甚至同教皇相勾结。如1125年亨利五世驾崩后，几位公爵联手拒绝接受遗诏，而是选举苏普林堡家族的洛塔尔三世（Lothar III, 1075—1137）为新国王，教皇也立即为他加冕为帝。他们还否决了亨利六世（Heinrich VI, 1165—1197）试图

"红胡子"弗里德里希一世的雕塑，图林根州的屈夫霍伊瑟（Kyffhauser）山洞，19世纪后成为德意志民族主义者的圣地之一。人们认为，弗里德里希一世的复活将带来德意志的复兴

用世袭制代替选举制的方案。

历任皇帝也看到了拉拢地方势力的重要性。他们一方面通过各种法令来缓和央地关系，如允许诸侯在封地铸造钱币，另一方面有意提升一些家族的政治地位，让他们牵制老资格的公爵。当然，对后世最有影响力的举措莫过于支持城市的发展。城市一般是在各诸侯的封地中发展起来的。按照城市章程，农奴一旦在城市中待满

今天的"帝国城市"纽伦堡，塔楼处是国王堡

1年零1天，便能获取自由。这就是"城市的空气让人自由"这句谚语的来源。然而这种做法自然与当时流行的封建体制格格不入，地方诸侯想尽办法要控制城市的政治和经济。皇帝抓住这一机会，主动把"特许令"颁发给城市，以拉拢更多盟友。于是，一大批城市迅速发展起来，如纽伦堡、奥格斯堡等，它们被称为"帝国城市"。

奥格斯堡的富格尔雕像

在城市中,商业构成了主要的经济活动,商人成为影响力较大的社会阶层。由商人组建的行会,不仅维持着商业活动的正常运行,而且还有可能干涉城市的政治发展。如奥格斯堡的银行家富格尔家族就是帝国皇帝的座上宾,甚至还扮演着债主的角色。

德意志地区的各大城市不仅形成了自己的产业特色,而且联手打造了一些城市同盟。其中最出名的是13世纪形成的"汉撒同盟"(Hanse)。"汉撒"就是"行会"的意思,这是北方城市从事海外贸易的商人组建的商业组织。它以吕贝克为首,包括汉堡、罗斯托克、不来梅、马格德堡、科隆等。最盛时,同盟成员多达80多个,控制了200多个城市。它覆盖了帝国北部同英格兰、

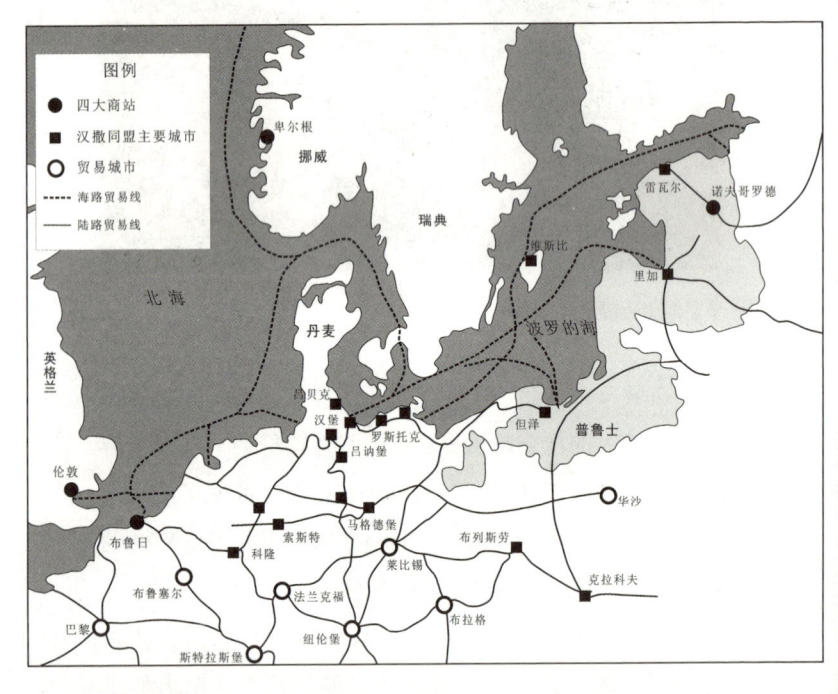

汉撒同盟示意图

汉撒城市不来梅

北欧和俄罗斯的主要贸易线,涉及鱼、金、银、铜等20多种货品的交易。它还在伦敦、布鲁日(今属比利时)、卑尔根(挪威)和诺夫哥罗德(俄罗斯)设立了四大商站。这个同盟直到17世纪初还在运行。直到今天,汉堡、不来梅、吕贝克依然自称"汉撒城市"。

总体而言,第二阶段的帝国发展显示出更生机勃勃的迹象。皇权和教权之间彼此有攻有守,大致形成了微妙的平衡状态。中央与地方之间的关系也不再是单向控制的格局,而是出现了略显复杂的现象。

到第三阶段(1356—1648),政教关系出现了更多变数,皇权和教权既相互斗争,又出现了相互支撑的案例。与此相反,央地关系的紧张性不断提升,部分邦君的影响力终于超越了皇帝，德意志国家的联邦特性逐步显现出来。

1356年，查理四世（Karl IV，1316—1378）颁布了著名的《金玺诏书》。这是神圣罗马帝国历史上政教关系和央地关系的双重转折点。诸侯选举产生国王是德意志王国的一种习俗，但很长时间内并无法律明确规范过拥有选举权的邦君名录。1263年，教皇乌尔班四世首次建议把选举国王的权力授予7个教俗诸侯（即"选侯"）。但此前此后，教皇依然多次干预德意志国王的选举，导致出现过"对立国王"的现象，甚至还有长达20年的"大空位期"（1254—1273）。1309年，教皇在法国国王

《金玺诏书》（现藏于维也纳国家图书馆）

七大选侯，14世纪绘画

的压制下，被迫将教廷迁至阿维尼翁。如此，德意志人找到了摆脱教皇控制的机会。《金玺诏书》正是在这一背景下出现的。它规定，只有美因茨、特里尔与科隆三大主教以及波希米亚国王、普法尔茨伯爵、萨克森公爵和勃兰登堡边区伯爵四大世俗贵族，才有权选举德意志国王。他们被视作"照耀在神圣帝国之上的七重才智一统的七支烛光"。它明确把教皇排除在外，在一定程度上维护了德意志人的权利。但另一方面，它也宣告了王权的进一步衰落，邦国势力得到了法律保障。

尽管皇帝依然想尽办法通过提拔新家族来削弱老贵族，如1400年把哈布斯堡家族提升为奥地利公爵，1415

年把霍亨索伦家族从纽伦堡伯爵提升为勃兰登堡边区伯爵,但帝国权力下降依然是不可阻挡的趋势。马克西米利安一世(Maximilian I, 1459—1519)当政时曾推行了一系列改革措施,旨在提升帝国的行动力,例如确定帝国议会为最高议事机构,成立帝国最高司法机构"帝国皇家法院",推行"帝国税"来支撑帝国机构的开

马克西米利安一世(丢勒画),现收藏于维也纳文化史博物馆

帝国议会开会内景（1640年9月13日）

雷根斯堡是"永久"帝国议会举办地（1663—1806）

销,在皇帝与各邦国之间设立"帝国区"来推行扁平化的地区管理。然而这些举动并没有改变央地关系扭转的大势。

或因如此,皇权与教权之间反而出现了相互合作的可能性。1415年,原本答应保护宗教改革家胡斯的皇帝西吉斯蒙德(Sigismund,1368—1437)为了获取教皇的支持,突然做出了让步,处死了这位布拉格大学校长。熟料,这引发了整个德意志地区反教会力量的强烈不满。胡斯派运动席卷多个地区,长达20年之久。100多年后,在宗教改革问题上并不持特别立场的查理五世(Karl V,1500—1568),同样在权衡利弊后,倒向了教皇,试图压制马丁·路德(Martin Luther,1483—1546)。但这一次,皇帝和教皇都失算了。路德掀起的这场风暴超越了当时人的想象,彻底改变了德意志人的精神世界,也完全重塑了帝国的央地关系。

路德出生在德国中部小镇艾斯莱本,父亲是一个小矿主。他在爱尔福特大学获得文学硕士后,继续攻读法律学位。但一次特别恐怖的雷击事件让他决心转入修道院,成为一位布道神父,同时到神学院攻读神学博士。毕业后,他在维滕堡大学担任"圣经学"教授。在这里,他与当时享誉欧洲的人文主义者伊拉斯谟经常通信,得到了后者翻译的希腊文版《新约全书》。这对他提升神学认识很有帮助。更为重要的是,他对周边神父

胡斯被处以火刑（15世纪彩色木刻画）

不断兜售赎罪券的行为深恶痛绝。这种赎罪券表面上是教会"帮助"普通人摆脱罪行的一种工具，实际上却是从教皇到各级主教的敛财之术。1517年10月底，路德决心把自己的观点公之于众。他写了一篇德意志历史上的著名战斗檄文《九十五条纲领》，彻底推翻了赎罪券的神学基础，揭露了教皇的贪婪面貌，并提出了"因信称义"的说法，由此否定了数百年来教会在欧洲人精神生活中所扮演的角色。

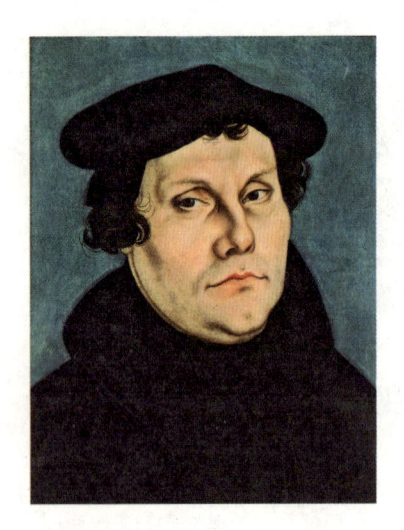

马丁·路德

恰好此时德意志人古腾堡（Gutenberg，1400—1468）改进的金属活字版印刷工艺已得到应用，《九十五条纲领》很快得到广泛传播。在世界历史上，马丁·路德或许是充分利用印刷品来影响公共舆论的第一人。人文主义者热烈欢呼，教会高层则惊慌失措。教皇亲自下令成立法庭，准备把路德作为异端处死。但路德毫不畏惧，继续发表数篇文章，指斥罗马为万恶之源，号召德意志人"把罗马来的恶棍逐出国境"。

令人想不到的是，原本与教权一争高下的皇权，这次却没有站到路德这一边。这一幕的出现，其实与1520年加冕为帝的查理五世个人密切相关。查理五世来自西

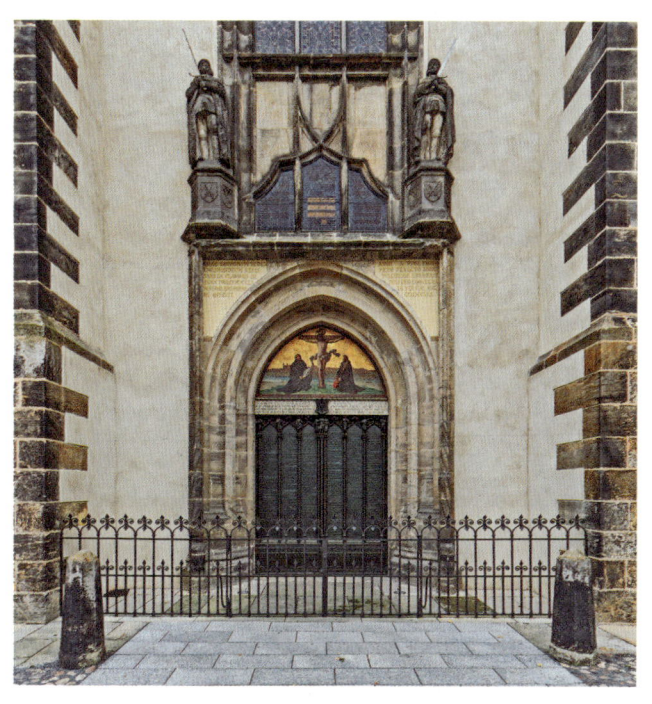

维滕堡教堂门口的《九十五条纲领》(19世纪中叶重建)

班牙的哈布斯堡家族。他依靠贿赂的手段赢得了选侯支持,登上了德意志王位。此举让刚刚获得大片海外领地的西班牙帝国与神圣罗马帝国拥有了同一个君主,查理五世成为有史以来占有领土面积最大的皇帝。但也正因如此,皇帝迫切需要得到教皇的支持,让他一方面在海外殖民时拥有精神上的正统性,另一方面又在欧洲内部同法国的竞争中立于不败之地。几经权衡后,查理五世

古腾堡的印刷作坊（19世纪绘画）

决定站在教皇一边。1521年，他在沃尔姆斯召开帝国会议，公开要求路德让步。路德回应他说"只要我还不曾被《圣经》文字或清晰理性驳倒，我就不能也不愿撤回任何话，因为违背良心行事是难以做到的，也是危险的。愿上帝保佑我，阿门！"

查理五世要求所有德意志人不得向路德提供保护或帮助的命令，很快被萨克森选侯"智者"弗里德里希（Friedrich III der Weise，1463—1525）所打破。后者在帝国军队逮捕路德之前就把这位宗教改革家送到了瓦尔特堡。在那里，路德隐姓埋名，潜心把伊拉斯谟编纂的希

沃尔姆斯帝国会议，马丁·路德在查理五世前（19世纪绘画）

腊文版《新约》翻译为德文。这部书连同10年后翻译成德文的《旧约》，奠定了现代德语的基础。

当1522年路德重新回到帝国舞台中央时，德意志人的国家已经出现了巨大裂痕。在权力搅动政教关系、央地关系的同时，信仰也成为各类冲突的导火索。骑士、农民、人文主义者乃至部分邦君纷纷倒向路德的教义。在中莱茵地区，济金根（Franz von Sickingen，1481—1623）和胡滕（Ulrich von Hutten，1488—1523）领导的骑士战争几乎动摇了特里尔大主教的统治。在法兰克尼亚、图林根、施瓦本、施蒂利亚等邦国，农民战争断断续续绵延了两年之久。支持路德的邦君们联合发布了一篇"抗议书",自此,信仰路德教义的改宗者被称作"抗议宗教徒"(Protestant),中文译作"新教徒"。1530年,路德的好友梅兰希顿(Philip Melanchthon,1497—1560)发布《奥格斯堡告白》,从理论上与"旧教"(中文称作"天主教")划清界限。次年,支持《奥格斯堡告白》的邦君在施马尔卡尔登结成了反对皇帝的军事同盟。1546年,新旧教派的军队在施马尔卡尔登对决,皇帝取得了胜利,但信仰分裂依然无法弥合。经过近10年的反复讨论,1555年,双方在奥格斯堡签订和约,制定了"教随邦定"的原则,即民众信仰以邦君为标准。

即便如此,路德掀起的风浪并没有平息。在《九十五条纲领》提出的100年后,帝国内部和整个西欧的信仰统一体荡然无存。帝国北部连同整个北欧是路德教义的辐射区。在瑞士,宗教改革家加尔文创立了新教的新派别"加尔文宗"。英国用国王代替教皇,国王成为国内教会的最高主宰,建立了"圣公会"。这些形形色色的新教派别与帝国南部、法国、西班牙、意大利等地盛行的天主教信仰构成了针锋相对的两大阵营。不久后,这种势不两立的矛盾引发了绵延多年的大规模战争。这就是三十年战争(Der Dreißigjährige Krieg)。

三十年战争的导火索是"掷出窗外事件"。1617年,神圣罗马帝国的皇帝马蒂亚斯(Matthias,1557—1619)向哈布斯堡家族的属地波希米亚派去了一名信仰天主教的国王。这让已经改宗新教的波希米亚贵族们极为愤怒,因为按照"教随邦定"的原则,这名国王的到来意味着波希米亚的全体民众又要回到天主教信仰。1618年5月,皇帝派去的两名代表被人从宫廷的窗口掷出。尽管他们伤势并不严重,但这一举动引发了规模更大、持续时间更长的冲突。

三十年战争被后人称作"万战之战"。它是现代战争出现之前欧洲境内最大的一次国际战争。皇帝起初还能控制战争的走势,把波希米亚人的举动斥责为反叛行为,调动新旧教派阵营的邦君力量一起出击。但很快,信仰因素再次出现,新旧教派阵营不仅直接兵戎相见,还把外部势力引入德意志。丹麦、瑞典、英国、法国等纷纷下场作战。帝国是这场战争的主战场。据统计,整个帝国人口减少了大约30%,部分地区的人口死亡率超过60%。

直到1648年,战争才落下帷幕。神圣罗马帝国皇帝在威斯特伐利亚地区(Westphalia)同新教代表缔结和约,史称《威斯特伐利亚和约》。这份和约再次确定了"教随邦定"的原则,但把1624年确定为"标准年",即这一年的信仰归属作为划分教派势力的依据。它对德意志人的国家产生了巨大冲击:一方面,它把神圣罗马帝国拉下了神坛,因为它不仅把德意志的大量土地割让给法国或瑞典,还保留了英、法等国干涉德意志事务的权

西欧的信仰分布图（1618年）

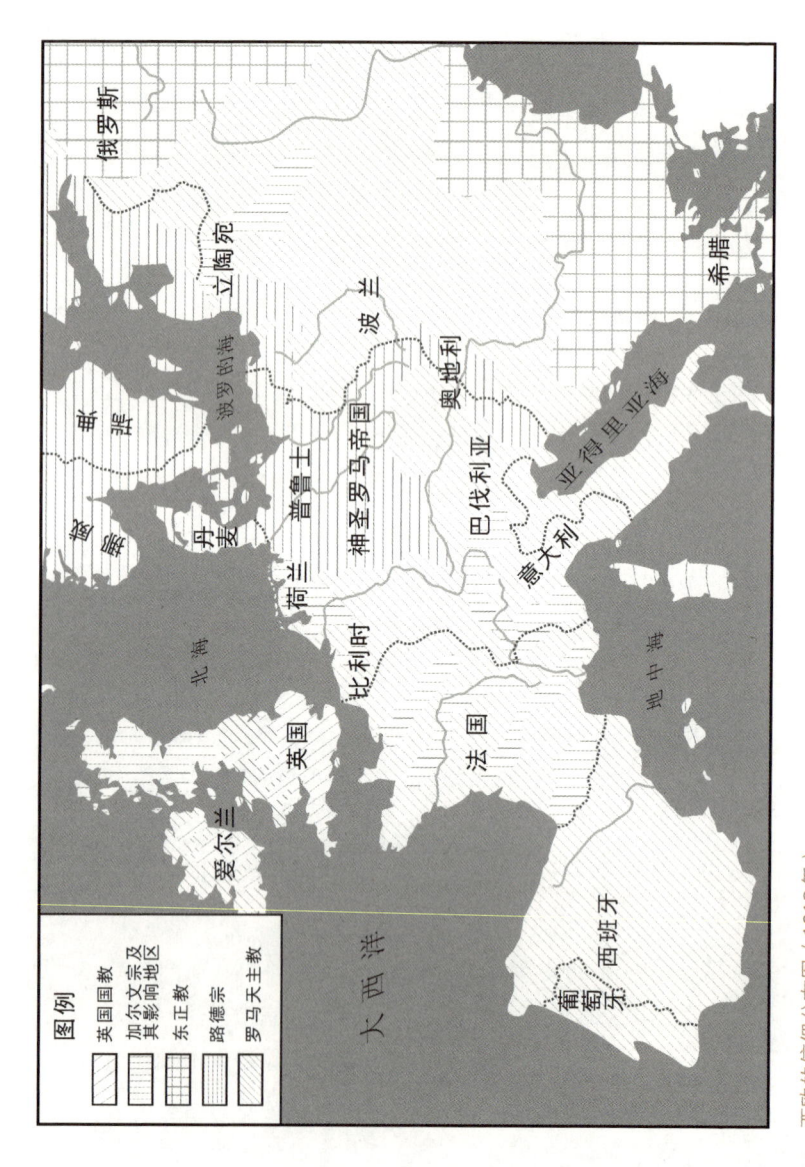

1631年马格德堡大屠杀(油画,1631)

力;另一方面,它确定邦权至上原则,标志着帝国内部分裂格局的定型。

简言之,在第三阶段,帝国发展出现了一系列新现象,特别是政教关系的重要性逐步下降,央地关系彻底转变,信仰分裂成为德意志地区的重要特征。

第四阶段(1648—1806)是神圣罗马帝国的落幕期。内部的央地关系转化为普奥二元对峙,外部的政教关系则被欧洲的国家间关系所取代。

法国著名的启蒙学者伏尔泰曾如此揶揄神圣罗马帝国,说这样的国家名不副实,因为它"既不神圣,也不

签订《威斯特伐利亚和约》(油画,1648)

罗马,更不帝国"。这句话虽然尖刻,但也有一定道理。说它"不神圣",因为自弗里德里希三世(Friedrich III, 1415—1493)后,再无一名德意志国王到罗马加冕,帝国统治者只能称作"当选皇帝",即由选侯选举产生的皇帝,而不是由教皇加冕的皇帝。如此一来,"神圣"二字自然失去了意义。说它"不罗马",自然是由于这个国家已无法影响到阿尔卑斯山以南的广大地区,以至于它的国号从15世纪末起改为了"德意志民族的神圣罗马帝国"。说它"更不帝国",主要指它的中央权力旁落,大邦崛起,特别是奥地利和普鲁士。

统治奥地利的哈布斯堡家族来自瑞士北部，后来逐步向莱茵河东岸扩展。1273年，它曾出过一名德意志国王（未加冕为帝）鲁道夫一世（Rudolf I，1218—1291）。正是在他的谋划下，哈布斯堡家族来到了帝国的"东部地区"（Ostarrîchi，即奥地利）。这个东部新贵一开始并未获得帝国既得利益者的重视，《金玺诏书》便把它排斥在选侯名单之外。但很快，选侯们发现了哈布斯堡家族的重要性。奥地利地处德意志王国的东部边界，与斯拉夫人、土耳其人对峙。它是保障德意志王国安全的最佳守卫者。于是，自1438年起，帝国皇冠基本上保留在哈布斯堡家族手中，选举制几乎重新恢复为世袭制。"世间万物皆臣属奥地利"（AEIOU）这句格言充分展示了它的影响力。特别是当它在1683年组织帝国军队成功阻挡土耳其人，1717年在贝尔格莱德再次大败土耳其人时，奥地利在帝国的威望达到巅峰。

统治普鲁士的霍亨索伦家族起源于德意志西南部，后通过姻亲关系承袭纽伦堡伯爵。不久，该家族一分为二，即法兰克尼亚系和施瓦本系，其中法兰克尼亚系的发展比较顺利。1415年，法兰克尼亚系被封为勃兰登堡边区伯爵，并获得选侯头衔，自此进入帝国高级贵族行列。1510年，这一系的一名成员勃兰登堡—安斯巴赫的阿尔布莱希特（Albrecht von Brandenburg-Ansbach，1490—1568）被推举为普鲁士骑士团团长。普鲁士骑士

1683年哈布斯堡家族带领帝国军队战胜土耳其人（油画，1685）

团是一个位于帝国之外的特殊国家。它位于波罗的海沿岸。13世纪上半叶，德意志的条顿骑士团消灭了当地土著普鲁士人，以该名自居，并建起了一个政教合一的国家：统治者都是修士，团长是最高领袖，所有人遵循"安贫、守贞和服从"的修道原则。该国最初比较繁荣，但到15世纪衰落，被迫成为波兰的属地。阿尔布莱希特当政时，恰好碰到了宗教改革。他立即宣布骑士团国家与罗马教廷分道扬镳，并推动世俗化改革，其家族成为普鲁士公国的世袭公爵。1618年，勃兰登堡和普鲁士两地合并，史称勃兰登堡—普鲁士公国。在随后的100多年间，历任国君奋发图强，持续推进大规模的军事改革和政治改革，吸引外来人才。普鲁士的首都从帝国之外的柯尼斯堡迁到了帝国之内的柏林。1701年，勃兰登堡—普鲁士公国更名为普鲁士王国，霍亨索伦家族得到了国王这一头衔。在此过程中，以专制主义、军国主义、国家主义、重商主义和宗教宽容为特征的普鲁士精神逐步形成。

除了奥地利和普鲁士，德意志还存在着300多个大小不一的邦国。在萨克森，国王耗费巨资建造宫殿，制作奢华饰品，留下了一座至今享誉世界的"绿穹顶"珍宝室。在巴伐利亚，统治者推动行政体制改革，架空贵族权力，用重商主义的政策发展经济。总体而言，这些邦国大多醉心于维护本邦利益，并不关心帝国的整体发展，也无力同两大邦国抗衡。

一山不容二虎。普奥之间的军事冲突在1740年两名新君上台后正式爆发了。普鲁士国王弗里德里希二世（Friedrich II，1712—1786），又称"弗里德里希大王"，借口奥地利国王玛丽亚·特雷西娅（Maria Theresia，

1701年普鲁士升格为王国庆祝仪式（油画，1712）

1717—1780）作为女性没有继承权，联合法国、西班牙、巴伐利亚和萨克森，出兵西里西亚。这场名为奥地利王位继承战争的冲突持续了八年，奥地利失去了西里西亚，但作为补偿，玛丽亚·特雷西娅的丈夫洛林公爵弗兰茨·斯特凡被选为神圣罗马帝国皇帝，哈布斯堡家族总算保住了皇冠。几年后，女王卷土重来，希望夺回西里西亚。这一次，她得到了法、俄两国的支持，普鲁士陷入两线作战的困境。然而幸运的是，恰在弗里德里希二世无力回天之时，支持奥地利的女沙皇突然去世，新沙皇彼得三世居然是普鲁士国王的"小迷弟"。俄军调转枪头，站到了普军一边，战场局势立时转变。1763年，这场七年战争仍然以奥地利的失败而告终，奥地利

各邦着力建设自己的首都,萨克森首都德累斯顿就是当时各城中的佼佼者(图为现在的场景)

不仅未能收复西里西亚,还被迫把波希米亚的部分领土割让给普鲁士。

这两场战争基本确立了普鲁士的大国地位,弗里德里希二世甚至暗中谋划了一份帝国改革方案,试图取代奥地利成为德意志人的主宰。奥地利则坚决反对普鲁士的计划。正当普奥两邦争夺德意志领袖,而康德(Immanuel Kant,1724—1804)等哲学家讨论如何实现"永久和平"时,神圣罗马帝国的外部危机骤然降临。

18世纪末19世纪初,法国完成了现代民族国家的初步建构。拿破仑上台后,率领法兰西军队征伐欧洲各

无忧宫（Sanssouci），普鲁士王宫，位于波茨坦北郊，弗里德里希二世最喜欢的宫殿

国。当时普鲁士不愿同法军正面冲突，孤军奋战的奥地利很快败北。拿破仑攻下了维也纳，迫使奥地利签订和约，法国得到莱茵河左岸地区、比利时等地。为补偿这些地区的世俗诸侯，神圣罗马帝国于1803年进行了一次改革，合并中小邦国，让绝大部分教会教产还俗。由此，信仰天主教的哈布斯堡家族受到了沉重打击。次年，拿破仑称帝，法国成为近一千年里西欧地区出现的第二个称帝的国家。在此情形下，哈布斯堡家族立即着手维

拿破仑接收维也纳钥匙（1805年11月13日）（油画）

护自己在奥地利的利益：它把奥地利王国升格为奥地利帝国，并宣布神圣罗马帝国皇帝同时为奥地利帝国皇帝。此举进一步削弱了哈布斯堡家族的声誉，并降低了神圣罗马帝国的向心力。德意志西部和南部的16个邦国决定离开帝国，投向拿破仑的怀抱。1806年7—8月，这些邦国签订议定书，承认法国的宗主权。当时普鲁士得到了拿破仑的割地许诺，也按兵不动。无计可施的皇帝弗朗茨二世（Franz II, 1768—1835）于8月6日宣布解散神圣罗马帝国，他个人以"奥地利皇帝"的名义，退而统治哈布斯堡家族的领地。自此，德意志人的第一个帝国落下帷幕。

神圣罗马帝国末代皇帝弗朗茨二世，戴着奥地利帝国的皇冠（油画，1832）

推荐书目：詹姆斯·布赖斯《神圣罗马帝国》

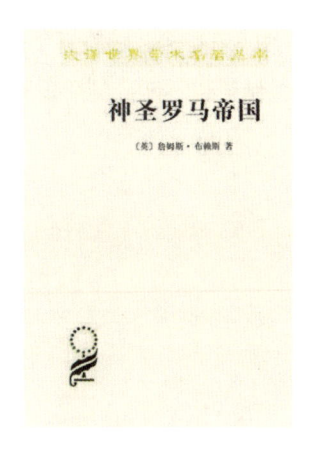

《神圣罗马帝国》

英国学者詹姆斯·布赖斯（James Bryce，1838—1922）所著《神圣罗马帝国》（孙秉莹、谢德风、赵世瑜译，商务印书馆2016年版），是中国读者了解这段德意志历史的佳作。布赖斯毕业于牛津大学三一学院。《神圣罗马帝国》一书是他在23岁时参加征文的作品。该书当时获得了大奖，让他声名鹊起。他后来走上政坛，担任过英国驻美大使等职。他认为，查理大帝在公元800年加冕是神圣罗马帝国的开端。在19世纪下半叶民族国家纷纷成立的背景下，布赖斯对帝国这一特殊结构产生了浓厚兴趣,并且进行了细致分析。在他看来,帝国是一个"伟大的历史结构",是由许多局部组成的一个整体。他为读者展示了一千年里帝国制度的演变与欧洲世界之间的关联。当然,随着近年来帝国研究的不断深入,他的一些结论也不断受到质疑和纠正。

名胜古迹：瓦尔特堡

在德国中部图林根州的北部山区，有一座城堡，叫作"瓦尔特堡"。它建在高达375米的悬崖上，可以俯瞰埃森纳赫市（Eisenach）。它始建于1067年。据说当时施普林加伯爵来到这里，对周围的随从说："等等（Wart），我要把我的城堡（Burg）建造在这座山上。"瓦尔特堡由此得名。城堡完工于1170年。1999年，瓦尔特堡之所以被列入世界文化遗产，除了它是欧洲目前保存最完整的中世纪古城堡之一，更重要的是马丁·路德在此隐

瓦尔特堡

1817年瓦尔特堡纪念大会

居了十个月,翻译了《新约》,奠定了现代德语的基础。在19世纪,这里成为德意志民族的"记忆之场"。1817年10月18日,德意志大学生社团在这里举行了一场规模盛大的仪式,纪念宗教改革300周年和莱比锡战役4周年。在这次仪式上,大学生们打出了黑红金三色旗(今天的德国国旗),表达了追求自由和统一的愿望。

第三章　民族国家的探索

日耳曼民族博物馆一角

日耳曼尼亚像（法兰克福国民议会悬挂的油画，1848），现收藏于纽伦堡日耳曼民族博物馆，作者是菲利浦·维特

在纽伦堡市中心，伫立着著名的"日耳曼民族博物馆"（Germanisches Nationalmuseum）。它是由一座中世纪修道院和一幢现代建筑组合而成的。博物馆的藏品与德意志历史息息相关。其中一幅高达5米的油画特别引人关注。这就是《日耳曼尼亚女神》（Germania）。这名女神右手拿着一把剑和一株橄榄枝，象征着武力与和平同在的政治手腕，左手擎着黑红金三色旗，象征着统一与自由的理想。在她的脚边有一串碎裂的镣铐，表明

她已挣脱了束缚。她的胸前有一个双头鹰的标志,让人不禁回想起中世纪的神圣罗马帝国。这是1848年革命时出现的一幅油画。"日耳曼尼亚"在古罗马时期便是一种女性形象,此时则是德意志人的拟人化象征,代表着"祖国母亲"——尽管在德语中,"父亲之地"(Vaterland)反而是祖国的常见说法。这幅油画表达了德意志人试图在19世纪民族主义浪潮中建立新型国家的追求。

神圣罗马帝国解体后,德意志地区已成一盘散沙。长期拥有皇冠的哈布斯堡家族战战兢兢地守着奥地利世袭领地,通过姻亲关系(把公主嫁给拿破仑)来换取法国的暂时姑息。霍亨索伦家族统治下的普鲁士在奥地利失败后,很快便迎来了法军的痛击,被迫割地赔款,国王还不得不逃到柯尼斯堡避难。拿破仑甚至扶持幼弟成立威斯特伐利亚王国,把法国人的触角伸到了德意志的心脏地区。

正是在这一时刻,德意志人的民族意识开始觉醒。著名的哲学家费希特(Johann Gottlieb Fichte,1762—1814)在法军的监视下,坚持在柏林做了《对德意志民族的演讲》。音乐家贝多芬(Ludwig van Beethoven,1770—1827)划去了《英雄交响曲》乐谱上的"波拿巴"这几个字。"体操之父"雅恩(Friedrich Ludwig

费希特

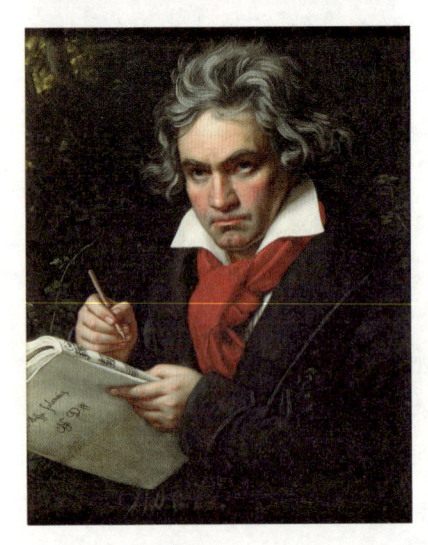

贝多芬

柏林的一处体操场（当时，体操就是军事训练，训练是为了抵抗法军）

Jahn，1778—1852）组织大学生进行军事操练，并组建了"德意志协会"（Turnverein）。

在所有邦国中，由于奥地利已沉浸在自己的帝国梦想中，人们把创建一个新型民族国家的希望自然投向了另一个大邦——普鲁士。来自拿骚的施泰因和来自汉诺威的哈登贝格前仆后继地领导了一场全面改革运动，在农业、关税和行政方面促成了普鲁士的现代化。来自萨克森的沙恩霍尔斯特、格奈森瑙和克劳塞维茨携手推动了普鲁士的军事改革。只有伟大的教育改革家洪堡才是普鲁士人，但他主导建立起来的柏林大学也吸引了一大批当时德意志最杰出的学者，如巴登的古典语言学家伯克、法兰克福的法学家萨维尼、汉诺威的农学家塔尔、图林根的医学家胡夫朗特等。

今天的柏林洪堡大学（原柏林大学的一部分）及洪堡像（位于柏林市中心菩提树下大街一侧）

1813年3月，曾经摇摆不定的普鲁士国王弗里德里希·威廉三世（Friedrich Wilhelm III，1770—1840）终于决定扛起民族大旗。他发布了《告我人民书》，呼吁德意志人为独立和荣誉而战。一场由普鲁士领导的德意志民族解放战争终于打响了第一枪！在各邦协助及其他反法同盟国家的支持下，普鲁士牵头组建了反法同盟军，并在10月16—19日于莱比锡赢得了民族大会战的胜利。次年3月，在普鲁士的坚持下，同盟军跨过莱茵河，恢

民族大会战纪念碑（Völkschlachtdenkmal），1913年建成，91米高。

复了1792年疆界。

1814年9月起，拿破仑战争的相关各方在维也纳举行了重塑欧洲秩序的国际会议。这就是维也纳会议。从法军打击下恢复过来的奥地利控制着会议的议程。在有关德意志未来国家形态的讨论中，奥地利首相梅特涅（Klemens von Metternich，1773—1859）显然占据了上风。他鼓吹正统主义原则，即在惩罚战败国的同时，德意志地区必须恢复拿破仑战争之前的治理状态。在梅特涅看来，德意志就是一个地理概念，应该继续维持神圣罗马帝国后期的央地关系。这种想法实际上与民族解放战争时期普鲁士带来的改革之风背道而驰。但维也纳会议上的各国以及德意志各邦代表却对此表示支持。甚至

维也纳会议场景，左边穿白裤站立者为梅特涅（让-巴蒂斯特·伊萨贝绘制）

普鲁士此时也对未来的统一国家形式不感兴趣，而是关注如何在新一轮领土调整中捞到更多好处。

1815年6月8日，维也纳会议宣布成立一个新的德意志国家，叫作德意志联盟（Deutscher Bund）。这是一个由34个主权邦国和4个自由市组成的松散联合体。它几乎是神圣罗马帝国的翻版。新国家不设中央政府，没有国家元首，不拥有外交和军事权力。只有联盟议会代表着形式上的中央权威，议会分为两级：由11个主要邦国组成的"小议会"拥有决策权，奥地利担任主席；所有主权邦国和自由市派代表参加全体会议，只有表决权。在这些成员里，除了传统的德意志邦君外，英国国

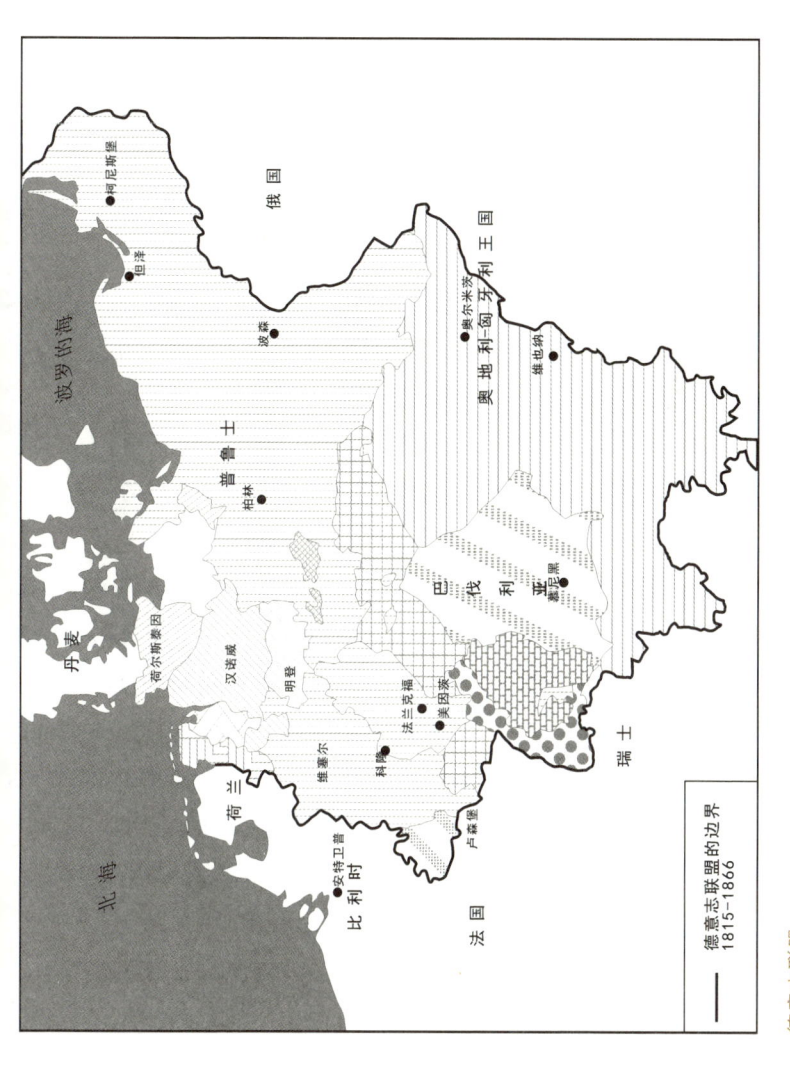

德意志联盟

地图标注：
- 北海、波罗的海
- 柯尼斯堡、但泽、波森、柏林（普鲁士）
- 俄国
- 丹麦、荷尔斯泰因
- 荷兰、比利时、安特卫普
- 汉诺威、明登、维塞尔、科隆、美因堡、法兰克福
- 卢森堡、法国
- 奥尔米茨、维也纳（奥地利-匈牙利王国）
- 巴伐利亚、慕尼黑
- 瑞士

图例：
—— 德意志联盟的边界 1815—1866

德意志联盟

王、丹麦国王与荷兰国王由于分别拥有汉诺威、荷尔施泰因与卢森堡领地而卷入德意志联盟事务。与之相反，奥地利与普鲁士还在联盟外面拥有大片属地，如哈布斯堡家族控制着波希米亚，霍亨索伦家族控制着东、西普鲁士。

在此之后的30年间，任何试图改变德意志联盟这种国家形态的举动，都被扼杀在摇篮之中。梅特涅对外拉拢俄国，对内捆绑普鲁士，三国共同组建神圣同盟，用来压制所有追求资产阶级民主体制的想法或做法。不仅如此，他还向22个德意志邦君施压，让他们的外长一起签署《卡尔斯巴德决议》，其实质就是禁止改变德意志国家形态的任何言行。

尽管如此，德意志地区依然流行着统一与自由运动。这场运动的目标就是让德国成为一个资产阶级民主体制的统一国家。在很多人看来，"统一"和"自由"能够成为新德国的双重特征。1832年5月27—30日，在莱茵地区普法尔茨的汉巴哈宫，近3万名德意志人挥舞着黑红金三色旗举行了大游行。他们希望得到出版自由、言论自由，还渴望"阿尔卑斯山和北海的德意志人，莱茵河、多瑙河和易北河的德意志人，像兄弟一样拥抱在一起。到那时，关税桩、栅栏，一切象征着分离、阻碍和压迫的各邦主权标志都消失了！"然而，邦君很快派兵驱散了人群，还逮捕了组织者。

汉巴哈大会（J. 韦伯绘制，1840年左右）

  人们的愿望并没有完全落空。特别是"取消关税"这一点，在不久之后居然部分梦想成真了！这就是普鲁士带头组建的德意志关税同盟。

  普鲁士之所以愿意砍掉关税桩，还是同它自身情况有关。维也纳会议后，普鲁士的领土面积扩大了数倍，但颇为分散，关税边界长达7 500千米，管理十分困难。为此，它从1818年起，首先废除邦内所有关卡，建立起

关税同盟的纪念碑（埃森）

一个自由的邦内市场。这为普鲁士经济的迅速恢复和发展奠定了坚实基础。

更为重要的是，这场关税改革很快成为普鲁士在经济上称霸北方的基本动力。在当时的德意志经济格局中，普鲁士横亘在北部，基本上控制了南北方向的所有贸易通道。它统一关税的行动对北部小邦构成了巨大的经济压力。1828年后，黑森、图林根等相继屈服，加入了普鲁士主导的关税同盟。

包括奥地利在内的南部邦国十分担忧普鲁士此举带来的经济冲击。它们也尝试着组建一些关税同盟，但均未成功。于是，普鲁士政策的吸引力再次提升，更多小

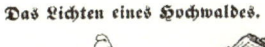

当时的漫画《让乔木林稀疏一些》

邦加入关税同盟。普鲁士的一些大臣从中看到了千载难逢的称霸契机：关税联合正是德国统一的前提，而只有普鲁士才能做到这一点。

1834年1月1日，德意志关税同盟成立。它包含18个邦国和自由城市，覆盖2 350万人口，在德意志土地上首度形成了一个连成一片的经济区。在此后二十年间，该同盟的扩张步伐从未停歇。到1854年，几乎只有奥地利被排除在外。这在事实上确立了普鲁士在德意志经济发展中的领导权。

当然，此时普鲁士在德意志政治上的领导权还未成

德意志关税同盟的发展

熟。哈布斯堡家族长久以来拥有皇冠的历史，以及奥地利作为德意志联盟领袖的地位，都阻碍着德意志人把普鲁士视作德意志民族国家的建构者，甚至连普鲁士人自己也在这个问题上犹犹豫豫。1848年革命恰好证明了这一点。

1848年3月，受法国二月革命的影响，革命火焰在不到一个月的时间里席卷了所有德意志邦国。各地革命者的诉求大同小异，基本上围绕着政治民主化，特别是颁布宪法等目标展开。此外，引人关注的是一批资产阶级知识分子筹划召开了全德国民议会，试图建立自由、统一的民族国家。5月18日，来自各邦议会的586名代表在法兰克福的圣保罗大教堂齐聚一堂，共同讨论未来

法兰克福全德国民议会（利奥·冯·埃利奥特绘制，1848年）

法兰克福圣保罗大教堂

德国的政体和君主。他们首先选举了奥地利大公约翰（Erzherzog Johann von Österreich，1782—1859）为临时政府的帝国执政。随后，他们围绕着奥地利和普鲁士展开了争议。议员们分为两派："大德意志派"希望延续传统，支持奥地利的哈布斯堡家族继续担任统一德国的领袖，但要求哈布斯堡家族必须舍弃非德意志人聚居的世袭领地（如波希米亚）；"小德意志派"看到了普鲁士的发展潜力，希望霍亨索伦家族能够继续高举德意志民族统一大旗，但要求普鲁士自行解体，从而消除中小邦国的担忧。很显然，这两种方案都寄希望于两个大邦为一个"自由的民族共同体"做出牺牲。

1849年3月28日，法兰克福国民议会终于通过了一部帝国宪法。次日，普鲁士国王被选举为德意志皇帝。一个新德国似乎就要破茧而出——现实却恰恰相反。奥地利、普鲁士两个大邦拒不接受帝国宪法，强调邦国主权。普王弗里德里希·威廉四世（Friedrich Wilhelm IV，1795—1861）也对法兰克福国民议会代表团送来的皇冠嗤之以鼻。在他看来，皇帝都是由邦君选举产生的，而不是由平民议员决定的。他说，这顶皇冠是"不洁的"，"充满了1848年革命的腐尸臭味"。这相当于宣告了法兰

普鲁士国王弗里德里希·威廉四世拒绝接受法兰克福国民议会递交的帝国皇冠（漫画，下面是一段独白"我应不应该拿呢？"）

克福国民议会的死刑。不久后，奥普两邦联合其他中小邦国，对革命者进行绞杀。1848年革命以失败告终。不过，普鲁士的政治威望在这一过程中得到了显著提升。

革命后的一段时间里，德意志社会似乎回到了原点。当时，革命导师马克思（Karl Marx，1818—1883）的讽刺描述颇为经典。他这样写道，在德意志，"生不能，死不得，不能结婚，不能写信，不能思想，不能出版，不能开店营业，不能教书，不能上学，不能举行集会，不能建设工厂，不能迁移。不经当局许可，什么事都不能做"。不少自由派德意志人被迫远走他乡，其中一些人后来成为美国的知识精英。

奥地利与普鲁士两大邦之间的对峙和竞争继续存在。与奥地利希望继续维持松散的德意志联盟的想法不同，普鲁士虽然不接受法兰克福国民议会递上的皇冠，但对"德意志皇帝"这一头衔依然垂涎三尺。1850年初，普鲁士联合28个小邦，抛出了一份新的"德意志联盟"计划。据此，普鲁士试图牵头成立一个更为紧密的新德意志联盟，取名为"德意志帝国"；然后，这一帝国与奥地利帝国结成一个"更广泛的联盟"。奥地利当然不能同意这个想法，不惜以武力相威胁。俄罗斯沙皇不愿意看到普鲁士强大起来，也不欢迎一个统一的德意志国家，因而对普王发出了警告。在奥、俄两国夹击下，普鲁士不得不撤回了自己的计划，并在11月同奥地

19世纪中叶普鲁士农村已出现了蒸汽犁（木刻画，1860）

利签订了《奥尔米茨条约》，恢复了德意志联盟的状态。此事被普鲁士人称作"奥尔米茨之辱"。

俗话说，君子报仇，十年不晚。普鲁士足足等了16年，才迎来了复仇时刻。一方面，它已经做好了经济统一的充分准备。在19世纪60年代中叶，普鲁士的钢产量占到全德总产量的86%，国民收入是全德总量的半壁江山；另一方面，它拥有了一个坚定运用武力推进统一大业的强人——俾斯麦（Otto von Bismarck，1815—1898）。

俾斯麦出身于易北河东岸的一个容克贵族家庭。"容克"（Junker）是指普鲁士的土地贵族，政治立场偏保守。他的父亲当过公务员，母亲来自柏林的官员家庭。7岁时,俾斯麦被父母送到柏林读书。他从不安分,小时候有"快乐的淘气孩子"之称。读大学后,他非常喜欢凑热闹,上戏院看戏,下酒馆聊天,甚至用剑与人决斗过25次。当然,他没有忘记学习,考试仍会及格。毕业后,他担任过一段时间公务员,但很快便递交了辞职信。在给家人的信件中,他是这么解释的:"国家公务员的工作和岗位的性质,本来就不合我的心愿,我并没有把做官甚至于当大臣看作是幸福……普鲁士的官吏像乐队里单独的演奏者,他们对全局没有了解,没有影响,但他必须演奏规定的片段,不管他认为这个片段是好是坏。但是我只想演奏我认为好的音乐,否则我根本不干。"

年轻的俾斯麦曾坚定地反对统一和自由的观念,维护传统政治体制与邦国分治格局。1848年革命后,他逐渐转变为小德意志派的现实主义政治家。特别是他在巴黎、圣彼得堡担任外交官的经历,让他感受到民族主义发展的强大力量。1862年,普鲁士国王威廉一世(Wilhelm I, 1797—1888)扩军的意图遭到了邦议会的抵制。在陆军大臣阿尔本莱希特·冯·罗恩伯爵的举荐下,俾斯麦被国王召回,出任普鲁士王国宰相一职。不久后,他在邦议会发表了震惊世人的"铁血演说"。他说:"我们不可能通过演说、联合会、多数决议来进一步达到目的——这是1848年和1849年的重大错误——而是不可避免地将通过一场严重斗争,一场只有通过铁和血

"俾斯麦——德意志统一的铁匠",圭多·菲利普·施密特绘制

才能解决问题的斗争来达到目的。"他因此被称为"铁血宰相"。

俾斯麦在用铁腕稳定内政的同时,迅速结合巧妙的政治智慧与冷血的战争推进普鲁士统一德意志的步伐。1863年,他力阻普王威廉一世参加法兰克福邦君大会,从而让奥地利通过联盟改革重掌领导权的企图落空。次年，他以拯救德意志兄弟为名，主动联系奥地利，从丹麦手中夺回荷尔施泰因、石勒苏益格与劳恩堡三地。此举既在德意志人中显示了普鲁士的民族责任心，又为普奥冲突埋下伏笔。随后，俾斯麦用灵活的外交手腕，取得英、俄、法、意的中立或结盟承诺。1866年，他借口奥地利破坏两邦条约，发动普奥战争。奥军大败。为了让奥地利成为普鲁士在"欧洲棋盘上的一颗棋子"，他采取了怀柔政策，只是让奥地利接受退出德意志国家、解散德意志联盟以及支付少量赔款的协定。支持奥地利的北方四邦——汉诺威、黑森-卡塞尔、拿骚和法兰克福并入普鲁士版图，普鲁士领土至此连成一片。1867年，奥匈帝国成立，俾斯麦则主导建成北德联邦。1870年7月，在西班牙王位继承问题上，法国皇帝拿破仑三世寻衅滋事，俾斯麦则顺水推舟，篡改电文，成功激怒了法国皇帝，普法战争爆发。仅1个月后，普军在色当取得大捷，法皇成为阶下囚。11月，巴登、黑森、巴伐利亚与符腾堡相继加入北德联邦。自此，德意志统一之路上的障碍都已扫清了。

1871年1月18日，在普鲁士王国成立170周年纪念日，在神圣罗马帝国解体65年后，威廉一世在法国凡尔赛宫镜厅举行了加冕仪式。德意志帝国（Das Deutsches Reich）成立。因它在德意志民族的神圣罗马帝国之后，历史上又被称作"第二帝国"。霍亨索伦家族成为帝国

俾斯麦统一德意志的进程

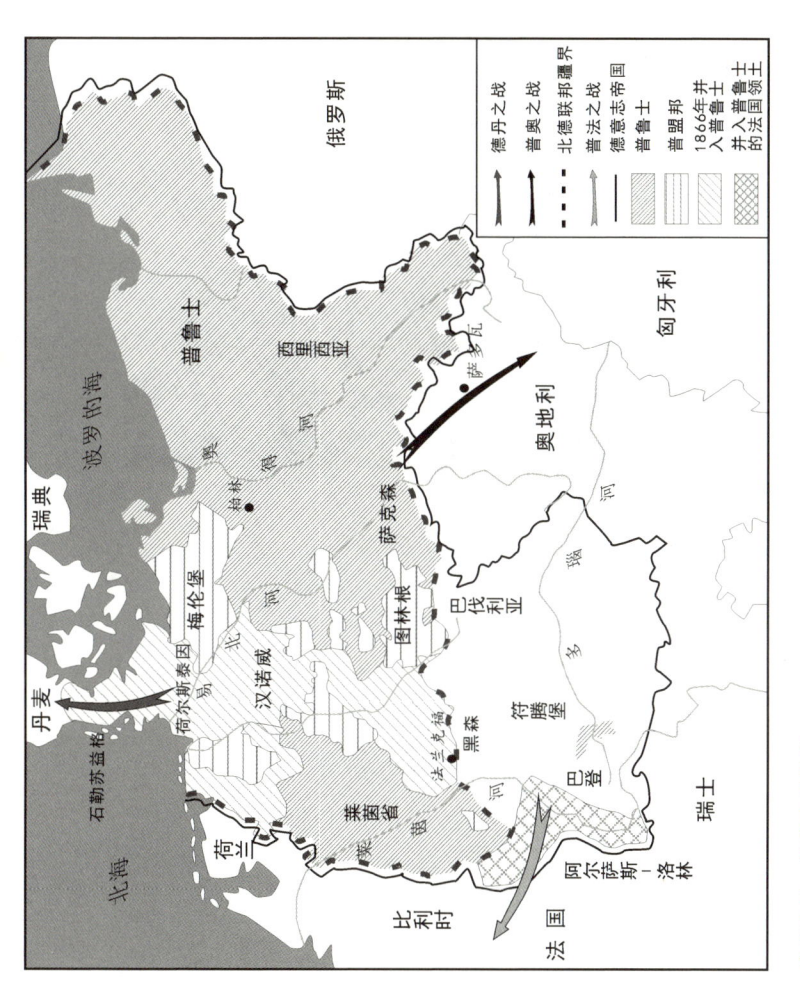

德意志帝国成立(油画,画家安东·冯·维尔纳于1885年创作,作品的目的是为俾斯麦祝寿,故场景并不真实)

的皇族。俾斯麦担任帝国首相。

与此前德意志人的各类国家相比,德意志帝国既体现了历史延续性,又有时代特点。它依然不是一个中央集权制国家,而是继续采用联邦制形式。它由4个王国、6个大公国、5个公爵领地、7个侯爵领地、3个自由市和1个皇帝直辖地(阿尔萨斯-洛林)等组成。帝国皇帝由普鲁士国王兼任,称号是"德意志皇帝"(Deutscher Kaiser),而不是"德国皇帝"(Kaiser von Deutschland),这表明,皇帝只是名义上的德国最高领袖,对各邦并无过多干涉权。根据宪法,各邦保留了警察、司法、财政和教育等行政权，可以自行征税，巴伐利亚和符腾堡两邦甚至还拥有自己的邮政系统。

不过，新帝国并不像老帝国那样虚弱不堪。它的统治者霍亨索伦家族及其世袭领地普鲁士在帝国运行中占据着绝对优势。普鲁士是帝国的最大邦国，占帝国面积的55%（35万平方公里）和人口的61%（3 000万）。相比之下，最小邦国罗伊斯（老系）侯爵领地仅有316平方公里领土和6.2万人口。当时有人便讽刺，这是一个由一只大猛兽、几只狐狸和十几只耗子组成的联邦！

从制度安排来看，普鲁士也是当仁不让的霸主：普鲁士国王成为世袭的皇帝，普鲁士宰相兼任帝国首相和联邦议会主席，而且在联邦议会的58个议席中，普鲁士独占17席。根据规定，在陆军、海军、关税和货物税等问题上，普鲁士若投票赞成维持现行制度，它的意志就能起决定作用。如此一来，普鲁士拥有强大的控制权。进一步来看，新帝国还获得了军队、外交、关税、度量衡、货币、法律、邮电和殖民地等权力，体现出一定的集权趋向。

当然，新帝国也部分满足了自由派资产阶级的部分要求，特别是帝国国会确立了普遍、直接和秘密的选举原则。只是国会的作用有限，它没有对应的帝国政府，一般只能专注于批准预算这一件事。甚至在1894年前，国会都只能在一处废弃的瓷器工厂内开会。从这一点而

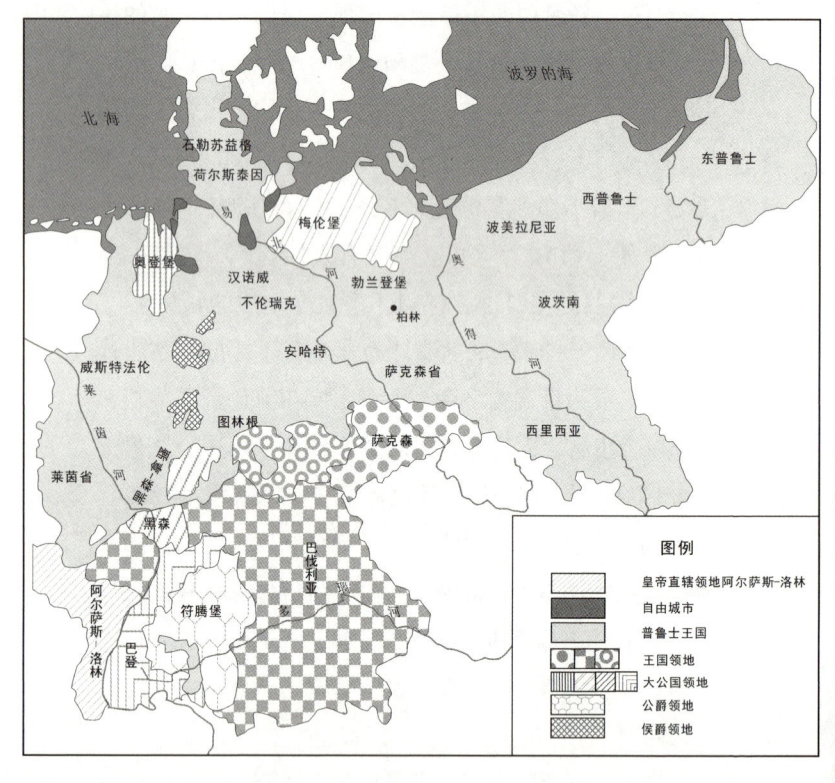

德意志帝国版图

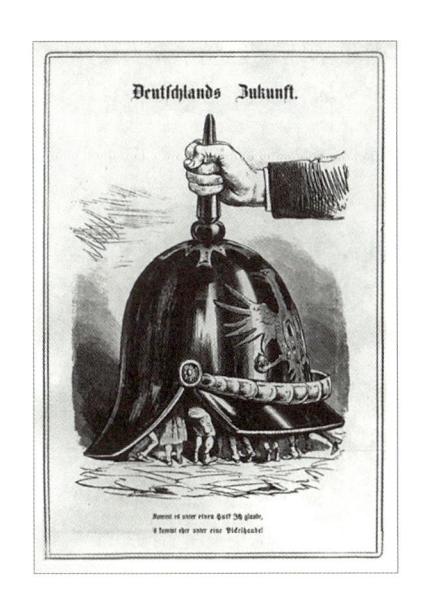

"德国的未来"(讽刺画,1870年),奥地利画家绘制,表现了反普鲁士者对德国未来的担心

言,德意志帝国的政体并不是英国式的君主立宪制,但它也不是此前神圣罗马帝国式的虚君弱中央的形态。

准确点说,德意志帝国是普鲁士霸权下的强人政治的舞台。在近半个世纪的帝国历史上,它的政治运行可根据强人身份的不同,分为三个阶段:俾斯麦时期(1871—1890)、威廉二世时期(1890—1916)和最高军事指挥部统治时期(1916—1918)。

俾斯麦不是皇帝,但威廉一世信任他,愿意把内政外交的权力交由这个"铁血宰相"来处置。这让帝国的最初20年都打上了俾斯麦的烙印。

在内政上,俾斯麦的主要政策是维护普鲁士霸权,培养臣民的忠诚度,不断分化帝国的反对者。应该说,在前两点上,俾斯麦游刃有余,基本上达到了目标;但在分化"帝国敌人"方面,他却不断受挫。

他首先打击天主教徒。普鲁士人大多信仰新教,对天主教徒居多且历史上与奥地利多有瓜葛的南方邦国心存芥蒂。首相更担心教廷如中世纪那样通过教会来干涉帝国内政。恰在此时,教廷还掀起了一股"教皇永无谬误"的舆论潮,号召天主教徒攻击现代民族国家。俾斯麦抓住这个机会,发起了声势浩大的"文化斗争"。他以推行世俗化的文化政策为名,压制教权,如撤销普鲁士文化部的天主教处、取缔耶稣会、加强对教会学校的监管以及强制推行民事婚姻法。据统计,当时,189个修道院被迫关闭,7 000多名神父被禁止活动。虽然这些措施得到了新教徒的拥护,但教廷的影响力并没有迅速降低。代表天主教徒利益的中央党在国会里的议席不减反增。1875年后,随着国际形势的变化,俾斯麦不得不同天主教会及中央党和解,废除相关法令,把"文化斗争"转为"政治斗争",目标直指社会主义者。

德意志地区是国际社会主义运动发生较早的地方。西里西亚纺织工人起义被视作欧洲三大工人运动之一。在马克思、恩格斯的影响下,19世纪60年代,德意志工

"在柏林和罗马之间",文化斗争的场景,描绘了俾斯麦和教皇之间的斗争(漫画)

人就组建了全德范围内的工人联合会。1875年,德国社会主义工人党(后改名德国社会民主党)成立。到1877年,该党已拥有4万名党员、26个工会联合会、56种报刊,并在帝国国会获得了12个议席。在俾斯麦看来,资本家才是帝国的重要盟友,国家必须通过"皮鞭与甜面包"的双管齐下来引导工人服从国家。所谓"皮鞭",就是高压政策。1878年,他在帝国国会强行通过"反社会党人法",用逮捕、驱逐、流放等方式打压社会主义者。所谓"甜面包",就是拉拢措施。他连续公布3个社会保险方案,在资本主义国家里率先推行"疾病保险"(1883)、"事故保险"(1884)、"老年人与残疾者保险"

1953年民主德国邮票，纪念卡尔·马克思

柏林市中心的马克思、恩格斯雕像（1986年4月建立）

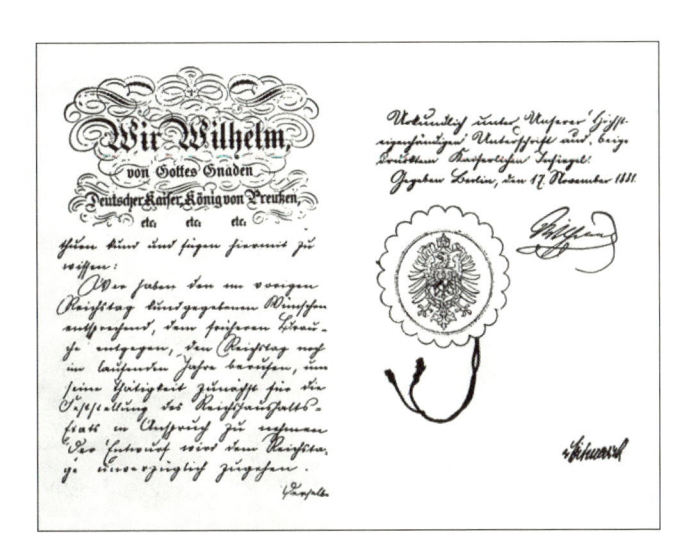

1881年11月17日威廉一世关于社会福利制度建立的宣言

"把社会主义恶魔塞到箱子里!",反映俾斯麦反社会主义法律的漫画

（1889）。这些保险均以工人不得参与社会主义运动为前提。然而，事实上，无论哪一种方式，都没有动摇社会主义者的斗争决心。到1890年，社会民主党在帝国国会已经跃升为第一大党。

在外交上，俾斯麦的策略可用"五球不落"来形容。在他眼中，欧洲五强英国、法国、奥匈帝国、俄罗斯帝国、意大利都应该不能或者不愿与德国为敌。为此，他制定了一整套外交方针：坚决压制法国，怂恿英、意在海外殖民地争夺上与法为敌；以同为德意志兄弟为名，拉拢奥匈帝国；为避免两线作战，必须与俄国搞好关系，组建德、奥、俄"三皇同盟"；暂时不启动海军建设，不鼓励海外殖民，从而换得英国的信任。在1875—1878年的"东方危机"中，俾斯麦还扮演了"忠

1878年柏林会议（画家安东·冯·维尔纳，创作于1881年）

实的掮客",把英、奥、俄及奥斯曼帝国的代表们召集到柏林来进行协调。这些外交手段在短期内确保了德国在一个相对稳定的环境下迅速崛起为欧洲大陆强国,但它们并没有改变德国外交面临的实际困境。19世纪80年代起,一方面,奥俄矛盾的不断激化让"三皇同盟"无法维系,另一方面,英国对德国的戒心持续上升又使得英法之间开始交好。随着1882年德奥意三国同盟的建立、1883年法俄签订同盟条约,德国的外交空间出现了巨大变化。

1890年,俾斯麦发现自己在内政外交上的一系列

"领航员下船了"(英国漫画,1890年)

1896年俾斯麦和晚清重臣李鸿章的合影。当时俾斯麦已退休,被人称作"东方俾斯麦"的李鸿章访问德国时专程前往拜访

汉堡的俾斯麦雕像,1906年建,14.8米高

政策都严重受挫。更糟糕的是，皇帝也不再信任他了。1888年，威廉一世驾崩。随后即位的弗里德里希三世（Friedrich III，1831—1888）仅仅在位99天也因病离世。时年29岁的威廉二世（Wilhelm II，1859—1941）有自己的打算，并不愿意继续让俾斯麦独掌权力。年迈的"铁血宰相"只能卸甲归田。德意志帝国迎来了威廉二世的时代。

威廉二世曾被传记作家形容为"出色的怪物"。他从小性格古怪，言行大胆，特别注重打造宫廷文化，以便显示皇帝的权威。和祖父威廉一世不同，他从未相信过任何一个首相，而是着力打造个人崇拜的氛围，四处树立雕像，仿佛自己才是德意志民族精神的"领航员"。内政上，他延续了俾斯麦的双重策略，既用怀柔政策吸引工人，又以家长制的方式出台各种法案，镇压劳工运动。外交上，他不再同俄国维持友好，还强力推进造舰计划，建设海洋强国。1897年，帝国首相公然表示，德国要抢夺"阳光下的地盘"。威廉二世积极支持各种殖民行动。19世纪末，德国侵占中国胶州湾，夺取萨摩亚群岛中的两个岛屿。20世纪初，德国两次挑起摩洛哥危机，试图改变非洲的殖民版图。1908—1913年，德国还卷入巴尔干危机，支持奥匈帝国扩展势力范围。

不过，威廉二世的这些强势做法并没有真正实现德

威廉二世画像（1890年），穿着上明显模仿中世纪君主

科隆的威廉二世骑马雕像（1911年完工）

1900年7月27日威廉二世在威廉港发表著名的"匈人演说",拉开了德国参加八国联军的序幕

国的崛起。的确,由于第二次工业革命的持续推进,德国在整个资本主义世界里的地位持续提升。到19世纪末,从工业生产总值来看,德国仅次于美国,排名世界第二。克虏伯、西门子、博世等知名企业发展迅速,德国在机械制造、化学染料、电气工业等领域遥遥领先。德国还成为世界高等教育的中心,各地科学家纷至沓来。然而,劳资矛盾的持续恶化趋势并没有结束,生产领域的结构性转变又带来了一批新的牺牲者(比如手工业者)。更为糟糕的是,军事与外交领域的种种做法,特别是威廉二世有别于俾斯麦的"世界政策",极大激化了英德矛盾。英国朝野开始对德国的各种发展抱有敌

意，并主动和法、俄两国靠近。

　　1914年6月28日，奥匈帝国皇储在萨拉热窝被暗杀。一个月后，受到德国支持的奥匈帝国向塞尔维亚宣战。随后，欧洲的战争车轮迅速转动，第一次世界大战

1914年8月1日柏林，一位德国人拿着帝国国旗，向民众进行演讲。此前一天，俄罗斯帝国向奥匈帝国宣战。8月1日，德意志帝国宣布针对俄国进行总动员

爆发，德国被深深卷入其中。

威廉二世最初对战争爆发兴奋不已，因为他发现，国会各党派都支持帝国的军费预算方案，甚至连历来的"敌人们"（工人、犹太人）都积极报名参军。他颇为喜悦地说，"朕的面前，不再有什么政党……只有德意志人！"在"德意志民族的伟大保卫战"这一宣传口号下，威廉二世感到自己成了民族英雄。当时，一群知识分子还宣称这场大战将结束德英之间的"文化斗争"，代表英雄主义的德国文化将屹立于世界之巅。

然而事与愿违。战争的发展并不如威廉二世想象的那么顺利。"施里芬计划"（Schlieffen-Plan）因各种原因

西线战场（1916年）

未能避免德军陷入两线作战的噩梦。可怕的阵地战不断消耗着帝国青年们的鲜血和生命。后方推行的战时经济体制混乱不堪，让帝国政府逐渐失去民众信任。从1916年起，国会中的一些政党联手质疑帝国政府的作战目标。在这一过程中，威廉二世的地位被削弱，王权被军方力量所代替。

军方力量主要集中在最高统帅部（Oberste Heeresleitung，简称OHL）。这个机构成立于战争初期，一开始是由威廉二世直接领导的，因为根据帝国宪法，皇帝是最高军事指挥官。1916年，兴登堡（Paul von Hindenburg，1847—1934）被任命为总参谋长，鲁登道夫（Erich Ludendorff，1865—1937）担任总后勤部长。兴登堡在一战前本已退休，后因战争爆发而被重新起用，并在东线大败俄军，取得坦能堡大捷，被德国人视作英雄。据说当时后方掀起了一股"兴登堡热"，各地竞相以"兴登堡"来命名街道或广场。正因如此，兴登堡执掌最高统帅部后，迅速形成了战时状态下的强人政治。他主导通过《关于为祖国志愿服务法》，强制要求17—60岁的男性参加对战时经济具有重要意义的部门生产和服务。在此背景下，威廉二世成为"影子皇帝"，失去了指挥权，德国建立军事独裁体制。

当然，军方的统治也未能挽回德国的战争颓势。

1917年初,军方发动"无限制潜艇战",结果反而引来了美国参战,德国不断失去战场优势。俄国十月革命后,德国在东线的压力暂时减轻。它把军队转到西线,发起了最后攻势。1918年8月8日,军方最终不得不承认,德国已无回天之力。

为了逃避责任,军方决定把接下去同协约国谈判的棘手难题交给民事政府。10月3日,南德自由派贵族巴登王子马克斯(Prinz Max von Baden,1867—1929)被任命为帝国首相,国会中的反对派首次进入政府。这在事实上已经改变了1871年宪法。德意志帝国开启了一场宪政改革。与此同时,新政府还积极与协约国联系,准备停战谈判。

然而,对战争已深恶痛绝的德国民众显然失去了继续等待的耐心。全国各地相继爆发了各种示威游行。恰在此时,军方居然又走出了一招臭棋:逮捕了一批拒绝继续出海作战的水兵。此举引发了水兵们的极大不满,毕竟潜艇作战造成的死亡率高于90%,而且此时再与协约国为敌毫无意义。11月3日,一场水兵起义在基尔爆发,起义者与各地游行民众携手,把革命浪潮推向全国。这就是1918年"十一月革命"。很快,各邦君主落荒而逃。11月9日中午,威廉二世也不得不退位。德意志帝国落下帷幕。两天后,德国代表团签订停战协议,第一次世界大战结束。

1918年11月10日，威廉二世退位后前往荷兰

推荐书目：韦勒的《德意志帝国》

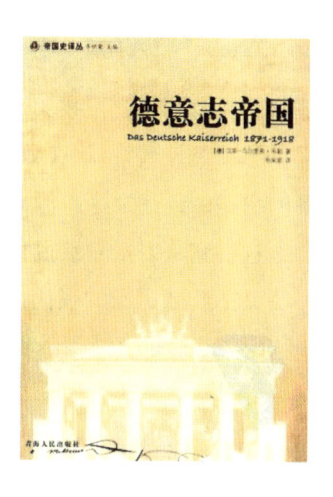

《德意志帝国》

德国学界研究德意志帝国的名著之一是著名历史学家汉斯-乌尔里希·韦勒（Hans-Ulrich Wehler, 1931—2014）的《德意志帝国》（中文版由邢来顺译，青海人民出版社2009年版）。韦勒曾在科隆大学、柏林自由大学和比勒菲尔德大学任教。他擅长使用社会学的方法来研究历史。《德意志帝国》初版于1973年，后多次再版。在这本书里，韦勒提出，德意志帝国只是通过军事手段实现"上层革命"而建立起来的民族国家。帝国建立后，经济领域实现了现代化，但社会领域和政治领域的现代化进程却严重落后于经济领域,以至于德国发展出现了不平衡现象。这种局部现代化的特征是"不正常的",导致诸多问题不断积累,直至压垮了德意志帝国。这本书不以时间为序,而是用主题式讨论的逻辑,分别聚焦政治体制、社会治理、税收和财政政策、军备政策、帝国主义思想、对外政策以及战争决策等。该书使用了非常丰富的史料,论述文字冷静清晰,是这一领域难得的佳作。不过,它是以批判性视角来看待德意志帝国的兴衰史,明显把西欧国家的现代化进程视作"正常"状态,一些结论依然值得继续探讨和争论。

名胜古迹：德意志博物馆

在慕尼黑市中心伊萨尔河的一个岛上，坐落着全球最大的科技博物馆——德意志博物馆（Deutsches Museum）。第二次工业革命中，德国是科学理论研究的先行者、技术发明的创新地。1903年，一位工程师奥斯卡·冯·米勒（Oskar von Miller，1855—1934）决定建立一个展现科学和技术的博物馆。这个想法得到了巴伐利亚邦、慕尼黑市甚至威廉二世的支持，但博物馆直到1925年才真正开幕。二战后，博物馆不断扩容。目前它拥有1个主馆和2个分馆（分别位于慕尼黑郊区和波

德意志博物馆（外观）

恩）。目前主馆收藏了10万件展品，展区面积达6.6万平方米，涵盖物理学、化学、电力、交通等53个科技领域。馆内陈列着各种实物，如飞机、轮船、汽车、望远镜等。在这里，人们不仅能够领略德意志科技史的发展脉络，也能够找到人类生产生活不断演进的足迹。

第四章　民主共和的实验

魏玛国家剧院

1919年2月6日魏玛国会召开的场景

在整体被列入世界文化遗产名录的德国魏玛老城，国家剧院是人们必须到访的景点。剧院门口矗立着一座雕塑，刻画了伟大的德意志文学家、诗人歌德（Johann Wolfgang von Goethe，1749—1832）和席勒（Johann Christoph Friedrich von Schiller，1759—1805）在18世纪末于此处共同推进德意志文化的场景。除此之外，或许更为重要的是，这座1779年建造，1908年重建的新古典主义建筑还曾是德意志历史上第一个共和国的创始之地。1919年2—8月，一批国会议员就是在这里讨论通过了一部宪法，史称《魏玛宪法》。由此，新生的国家也获得了"魏玛共和国"的名字。

与德意志帝国诞生于一场胜利的战争不同，魏玛共和国是在失败的战争和突发的革命交织在一起的环境下出现的。这使得接下去的民主共和实验充满着各式各样的挑战、冲击和困境。

首当其冲的挑战是有关德意志国家的方向之争。1918年11月9日，在革命的风暴里，帝国的最后一任首相巴登王子马克斯把权力交给了当时的多数派社会民主党领袖艾伯特（Friedrich Ebert，1871—1925）。艾伯特最初设想是学习英国，建立一个君主立宪制的国家。然而，就在11月9日下午，艾伯特的党内同仁谢德曼（Philipp Scheidemann，1865—1939）在国会大厦的阳台上高呼"伟大的德意志共和国万岁"。两个小时后，左翼革命者卡尔·李卜克内西（Karl Liebknecht，1871—1919）又提出了"自由社会主义共和国"的概念。与此同时，一批保守派正筹划着复辟原来的君主独裁体制。在接下去的两个月里，不同目标的支持者们以各种方式相互竞争，甚至出现了武装力量之间的剧烈冲突。年底成立的德国共产党决定发动工人起义，武力夺权。艾伯特为了维持稳定，与右翼达成妥协，邀请国防军进入柏林，武力镇压起义者。李卜克内西和左翼革命理论家罗莎·卢森堡（Rosa Luxemburg，1870—1919）被害身亡。由此，建立一个资本主义民主共和体制的新国家成为大多数人的共识。

谢德曼在国会大厦窗口宣布"德意志共和国"成立（1918年11月9日）

1919年1月19日，新国家进行了第一次国会选举。结果表明，在德国的政治舞台上，利益分化已十分严重，以至于没有一个政党能够单独组阁——这一点似乎也延续至今，联合内阁已成为德国政坛的常态。当时，第一届联合内阁是由中左翼政党组建的，包括多数派社会民主党（MSPD）、中央党（Z）和民主党（DDP）。这个联盟史称"魏玛大联盟"。由于柏林的政治局势尚未完全平稳，艾伯特决定把国会暂时迁往魏玛。在他看

弗里德里希·艾伯特

《魏玛宪法》封面（下面的国名与德意志帝国相同）

来，这是"到德国的心脏召开国会，是一种统一的考量，国家的团结将由此而来"。2月6日，来自各地的议员们走进魏玛国家剧院。他们首先选举产生了新的国家元首——总统。艾伯特这位出身工匠家庭、当过制鞍工的工人政党领袖，站在了德意志国家的最高点。这是德意志历史上的新篇章。

国会耗费了近6个月的时间，讨论通过了《魏玛宪法》。这部宪法共181条，确立了五大原则。"共和原则"废除了帝制，采用象征1848年革命传统的黑红金三色旗为国旗。"联邦原则"加强了中央权力，规定联邦立法高于地方立法，赋予中央政府干涉各地的权力，并把"邦"改为"州"，成立由各州代表组成的参议院，取消普鲁士的特权。"民主原则"确定国会为最高立法机构，赋予年满20岁的男女公民选举权，通过比例代表制方式选举产生的国会多数派组建中央政府，并向国会负责。此外，为了避免民主程序拖沓造成决策失误，由公民直接选举产生的总统有权制衡国会内的党派斗争，由此形成了国会—总统二元体制。"权利原则"保证所有德国人在法律面前一律平等，取消贵族特权。"福利原则"应允继续推进社会保险体制，加大救济力度。

当《魏玛宪法》在8月14日公布生效时，很多人都激动万分。他们认为，这标志着德国已成为"世界上最民主的民主国家"。但事实上，这一说法却是值得推敲的。从后来的实践历史来看，这部宪法存在着一些重大问题。例如，它把德意志人的新国家继续称作"帝国"（Reich），而不是"共和国"（Republik），虽然这表现了德国人的某种怀旧心态，但留下了不佳的对外形象，特别是造成英法美等国家对新政权心存疑虑。又如，它采用比例代表制的选举方式，看上去保证了最大多数人的最大民主权利，但在实际运行中便会不可避免地导致小党林立、组阁困难的结果。再如，国会—总统二元体制，的确能够避免国会议而不决的问题，但显然过于依赖总统的个人品性。倘若总统就是一个保守独裁者，那么这套体制最终不但不能解决问题，反而会让国家陷入危机。十几年后，正是魏玛共和国第二位总统、德意志帝国陆军元帅兴登堡为了解决经济大萧条的困境，把国家大权交给了纳粹党。最后，福利国家建设的各种承诺鼓舞人心，但在当时的国际环境和经济背景下却少有成功希望。尤其是德国作为战败国，不得不面临着割地赔款带来的沉重负担。

当国会议员热烈讨论《魏玛宪法》时，共和国的生存条件正在接受战胜国的苛刻安排。巴黎和会完全排斥德国的参与权，甚至不允许德方修改和约草案。德国人群情激昂，第一届内阁甚至以集体辞职的方式表示抗议。然而，在军方表示无法重启战火后，国会最终决定接受和约。6月28日，德国代表在《凡尔赛和约》上签字。

和约规定：

东部：梅梅尔割让给立陶宛；波美拉尼亚部分地区、大部分西普鲁士和一部分东普鲁士地区交给波兰（这样便形成了所谓"但泽走廊"）；但泽作为自由市由国际联盟管辖；上西里西亚南部地区也在1920年被国联划给波兰；

北部：石勒苏益格北部地区经公民投票归丹麦所有；

西部：莫雷斯纳、欧本及马尔梅迪割让给比利时；同意卢森堡退出德国关税同盟；阿尔萨斯-洛林归还法国；萨尔煤矿的开采权交给法国，管辖权交给国联，15年后由公民投票决定其归属；莱茵河以西领土由协约国实行军事占领；

南部：上西里西亚南部的忽尔钦地区交给捷克斯洛伐克；承认并尊重奥地利的独立。

仅上述条款便使德国失去了7万多平方公里的领土（其中包含了15%的耕地）、730万人口，并丧失了75%的铁矿、44%的生铁生产能力、38%的钢生产能力和26%的煤炭产量。此外，德国必须放弃所有殖民地，废除普遍义务兵役制，裁减陆军到10万人，禁止拥有坦克、军用飞机等新型武器。和约还把战争的责任全部推

《凡尔赛和约》签订后德国的领土变化

"背后一刀"谎言的宣传画

到德国及其盟国身上,要求它们承担一切损失与损害。

《凡尔赛和约》带来的种种打击,让德意志历史上的第一个民主共和国与受辱经历联系在一起。很快,一个所谓的"背后一刀"谎言流传开来。当时,一批旧军官指责左翼政党和工人阶级在战争末期发动罢工及革命,声称这无异于向德意志军队背后捅刀,使他们在前线无力应战。艾伯特等人被斥责为"十一月罪人",负有叛国罪。更糟糕的是,没有经历清洗转型的司法系统居然不断传唤艾伯特等左翼政治人物。这既损害了艾伯特等人的身心健康,还对共和国的声誉造成了不可逆转

卡普暴动期间反叛军队在柏林街头

的负面影响。

很快，各种反对共和国的力量集结起来，在1920年形成了第一股反动浪潮。3月，东普鲁士行政长官卡普（Wolfgang Kapp，1858—1922）勾结国防军军官吕特维茨（Walther von Lüttwitz，1859—1942）及鲁登道夫等人，以抵制裁军为由，发动了一场声势浩大的军事政变。他们占领柏林、解散国会，甚至还成立了新政府。在危急关头，工人发动了大罢工。在一周内，红色武装帮助政府镇压了这场暴动。次年3月，共产党在萨克森和图林根两州发动了起义，进行了长达两周的武力抗争。魏玛政府最终用武力压制了工人阶级的政治诉求，但值得注意的是，当时，保守的司法系统以极不公正的

一位法国士兵在鲁尔区煤矿驻守

方式对待左右两翼共和国反对者。右翼被轻易宽恕,刑期极短。左翼则受到了沉重惩罚,甚至包括死刑。

更可怕的危机出现在1923年。在巴黎和会上,有关德国赔款的问题并没有达成明确方案。法国人牵头组建的赔偿委员会想尽一切办法试图从德国榨取最大利益,而德国人既不愿意承认自己是战争的发起者,也没有能力承担过重的赔偿义务。如此一来,双方总是在赔偿总额、赔偿内容、赔偿方式等方面不断发生冲突。在德国多次拖延赔款后,法国和比利时于1923年1月联合派兵,占领鲁尔区,试图直接掠夺当地煤炭资源,甚至还鼓动莱茵地区的分离主义者与魏玛共和国脱离关系。

魏玛政府深知自己无法与法比联军直接对抗，所以采取了所谓"消极抵抗"政策。这一政策要求：被占区的民众不配合占领军当局，拒绝出工；其他地区以罢工、示威游行和捐资等方式进行援助；政府为被占区的失业者或停产的矿主提供多达5 000亿马克的"莱茵—鲁尔救助基金"。

这场"鲁尔危机"持续了十个月，实际上并没有任

恶性通货膨胀期间货币严重贬值，成捆纸币都成了儿童的玩具

何赢家。法比联军虽然占领了鲁尔区，但由于缺少当地人的配合，他们不得不运来本国工人生产。结果，两国的实际收益并不高。与此相对，德国政府的"消极抵抗"产生了一些正面效果，但经济代价实在惊人，特别是大量纸币涌入市场，造成了历史上极为罕见的恶性通货膨胀。据统计，美元与马克之比从1月的1∶7 525降到11月的1∶4 200 000 000 000！

当时，德国工业生产急剧下降，失业率激增，社会再次陷入动荡之中。共产党成立了800个"无产阶级百人团"，并同共产国际取得联系，准备发起无产阶级革命。10月，图林根和萨克森两州为稳定局势，吸纳部分共产党员进入州政府。但中央政府害怕左翼势力坐大，立即派出国防军进驻两州，重组政府，解散百人团，逮捕了数千名工人。共产党在汉堡发起的武装起义只坚持了三天。

在英美两国的斡旋下，10月上台的新任总理施特雷泽曼（Gustav Stresemann, 1878—1929）果断停止了消极抵抗政策，重启赔款谈判，终于结束了鲁尔危机，但此举立即引发了右翼的极端不满。11月9日，在巴伐利亚州首府慕尼黑，未来搅动欧洲风云的希特勒（Adolf Hitler, 1889—1945）发动了"啤酒馆暴动"。希特勒是奥地利人，一战爆发时参加了德国军队。战争结束后，他留在巴伐利亚，后参加了一个名为"德意志工人党"

1923年11月9日，纳粹党员发动啤酒馆政变，逮捕部分州官员

啤酒馆政变失败后的希特勒（右四）和鲁登道夫（右五）

的小党。他对这个党进行了一番改造，取名为"德意志民族社会主义工人党"（Deutsche Nationalsozialistische Arbeiterpartei，简称"Nazi"，即纳粹党）。他亲自起草党纲，表达了德意志民族沙文主义和小资产阶级要求改革的双重内容。他确立了"领袖原则"，建立党内独裁。他还把退役军人组织起来，成立"冲锋队"。因冲锋队员身着褐色制服，故得名"褐衫队"。到1923年11月，纳粹党员已经从最初55人增至5.5万人。希特勒发动啤酒馆暴动的目的是迫使州政府与内阁决裂，在慕尼黑成立独立政府，但州政府却不愿意这样做，进而与国防军合作镇压纳粹党。这场暴动以失败告终。次年，希特勒被判5年监禁。与此同时，中央银行行长以全国地产为抵押，发行地产抵押马克，终于稳定了德国货币和经济。

鲁尔危机的解决，标志着共和国进入相对稳定时期，史称"黄金般的二十年代"。在这一时期，共和国的外交环境稳定下来。这必须归功于1924—1929年间长期担任外长的施特雷泽曼。他利用各国矛盾，推行东西方平衡外交：一方面，他以放弃对阿尔萨斯－洛林的领土要求为代价，与相关国家签订《洛迦诺公约》（1925年），满足了法国对欧洲集体安全体系的诉求；另一方面，他极力拉拢苏俄（苏联），签订《拉巴洛条约》（1922年）及经济合作条约（1925年）。此后数年间，两

1926年9月10日，施特雷泽曼在国联发言

国还进行了一系列秘密军事合作，德国帮助苏联训练军队，苏联则为德国提供武器。1926年，德国正式参加国际联盟，并担任常任理事国。这在一定程度上恢复了德国的大国地位。最后，他还积极参与《非战公约》的谈判，并借此机会，迫使法国制定了从莱茵区撤军的时间表。

在此期间，德国的赔款问题也逐渐明朗化。美国取代法国，成为解决这一问题的主导者。1924年，《道威斯计划》出台。它没有确定赔款总额和最后期限，但设定了5年内的赔款额度，并应允美英出资贷款，并剥夺了法国的制裁权。此举有助于德国经济复兴。1927年，德国的经济发展指标已接近战前水平。1929年，同样在美国的掌控下，新的专家委员会制定了《杨格计划》，

美国经济学家道威斯（左）和杨格（右），
1924年，柏林

确定了德国的赔款总额（1139亿马克）和偿付年限（59年），德国财政自主权得以恢复。值得一提的是，1927年通过的《职业介绍与失业保险法》标志着德国在建立福利国家的道路上迈出了重要一步。

与此相对，共和国的内政却显示出不断右转的趋势。1924—1929年间，共出现了7届内阁，平均执政寿命为313天，不到一年。内阁都是多党联盟，而且

1925年4月26日总统选举,兴登堡的竞选宣传

从左右联盟(社会民主党—人民党),到中右联盟(中央党—民主党—人民党—民族人民党),再到右翼联盟(民主党—人民党—民族人民党)。"魏玛大联盟"作为共和国的民主基石,却没有出现过。尤为严重的是,艾伯特去世后,1925年,一战期间最高统帅部的负责人、陆军元帅兴登堡代表右翼政党当选为共和国总统。这标志着德国军国主义势力和保守力量的进一步抬头。

正是随着政治和经济形势的不断变化,共和国的社会层面出现了一些值得深思的现象。如中产阶层持续沦落,仇视现代性的思想颇为流行。在战后混乱与恶性通货膨胀的反复碾压下,不少中产阶层失去了工作岗位和稳定收入。他们并不在意政治权利的增加,而是对社会保险体制的各种不公正做法不满。这些人后来逐渐投向纳粹党的怀抱。再如,代际矛盾逐渐显露。"战争一代"(Kriegsgeneration)是充满反叛精神的年轻人。他们试图成为共和国的"新人",不断排斥父辈的传统观念。他们很容易被左右两端反共和国力量所牵引,最终演变为魏玛民主体制的"掘墓人"。

当然,混乱、紧张、迷茫、矛盾等感受的并存,促成了多元文化在魏玛时期的兴起和繁荣。人们称之为"魏玛文化"。它至少包含着三个面向:

第一,肯定现代性,致力于引进"西方文化",如好莱坞电影、爵士乐。德国人自身也进行了创造,如环

包豪斯学校(德绍)

环球电影股份有限公司拍摄的名片
《蓝天使》（1930年）

球电影股份有限公司（UFA，汉译"乌发"）以及包豪斯（Bauhaus）建筑艺术。"包豪斯"的意思是"房屋之家"，指的是位于魏玛的一所设计学院。这个概念是为了回应"建筑工棚"而出现的。1919年，建筑师格罗皮乌斯（Walter Gropius，1883—1969）成立国立包豪斯学校，致力于把艺术和工艺结合起来，注重满足实用要求，讲究功能性，简单朴素，去除多余装饰，力图从美学上达到社会平等的效应。这种理念促成了一批现代建筑的诞生，对后世建筑界产生了长远影响。

第二，发现现代性的问题，提出一些解决方案，如

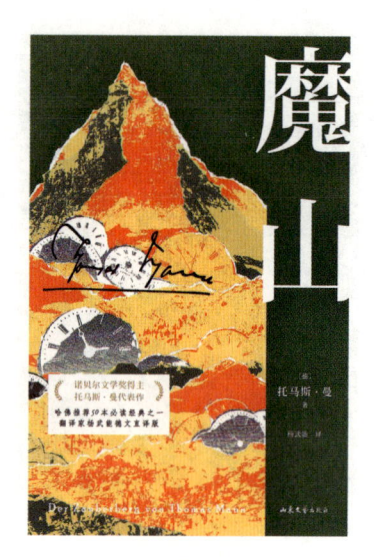

《魔山》(中译本)

哲学家雅斯贝尔斯（Karl Jaspers，1883—1869）与海德格尔（Martin Heidegger，1889—1976）大谈"存在主义"，思索现代人存在的焦虑感及其价值。文学家托马斯·曼（Thomas Mann，1875—1955）用小说表现时代变迁中的冲突和焦虑，比如《魔山》一书以一个疗养院为中心，描写了各种类型的社会寄生虫，揭示了资本主义文明的种种危机。

第三，力图抵制现代性的继续发展。哲学家斯宾格勒（Oswald Spengler，1880—1936）嘲弄了"西方的没落"，预告德意志文化还将拥有未来的领导权。作家范

范登布鲁克的《第三帝国》(1923年)

登布鲁克（Arthur Moeller van den Bruck，1876—1936）呼唤用一场"保守革命"来迎接"第三帝国"——这也是"第三帝国"这个名称的首次出现。法学家施密特（Carl Schmitt，1888—1985）不遗余力地攻击议会民主制，宣扬敌我斗争的必要性。

1928年6月起，社会民主党的米勒（Hermann Müller，1868—1932）牵头组建联合内阁。从历史角度来看，这是共和国执政时间最长的一届政府（636天），但十分不幸的是，在它执政的第二年，世界性经济大危机爆发。由于美国贷款大幅削减，还款压力激增，德国工厂大量停产，出口锐减，并爆发了货币信用危机。德国工业生产下降了40.6%，失业人数急剧增加。以50万人同时失业为目标设计的失业保险体制根本没法满足几百万失业者的需求。在如何填补失业保险金缺口的问题上，米勒内阁无法达成一致意见。1930年3月，米勒辞职。这标志着魏玛历史进入了谢幕阶段。

由于各政党在国会内争论不休，始终无法形成一个多数派内阁，根据宪法，兴登堡总统决定自行挑选总理来组建内阁。这就是总统内阁（Präsidialkabinett）。

汉堡港区的失业工人（1931年）

从1930年3月到1932年12月,共出现了三届总统内阁,被兴登堡看中的三任总理分别是:中央党人布吕宁(Heinrich Brüning,1885—1970)、无党派政治家巴本(Franz von Papen,1879—1969)和国防军将领施莱歇尔(Kurt von Schleicher,1882—1934)。从政治立场来看,这些人不断向右转,专制主义的氛围日益浓厚。其间,总统内阁颁布紧急令的次数多达115条。

总体来说,总统内阁既无法在经济上扭转大萧条的颓势,也不能在政治上开创新局面。大量失业者游荡在街头,严重威胁社会稳定。此时,纳粹党找到了迅速崛起的机会。1923年啤酒馆暴动失败后,希特勒在监狱里待了9个月,完成了《我的奋斗》(*Mein Kampf*)这本书,基本勾勒了未来纳粹党的内政外交方针。出狱后,他改变了生存策略,改走合法斗争的道路。他成立了一系列分支组织和附属协会,如党卫队(Schutzstaffel,简称SS)、希特勒青年团(Hitlerjugend,简称HJ)等,用以网罗各阶层人士,把纳粹党改造为"全民党"。不过,在"黄金般的二十年代",纳粹党的宣传并未找到足够多的知音。到1928年5月的国会选举时,它仅仅获得了2.6%的选票。不过,经济大危机爆发后,纳粹党不断攻击共和国及民主制度,口若悬河地寻找替罪羊(如犹太人),由此得到民众的青睐。在1930年9月的大选中,纳粹党获得的选票突飞猛进,在国会中占有了107个议

第一次世界大战中的希特勒（前排左一）

希特勒《我的奋斗》（1933年第9版）

1919年1月19日选举

议席分配	
社民党	163
中央党	91
民主党+人民党	94
共产党	22
民族人民党	44
其他	7

深灰色图块是纳粹党员入选国会议员的选区，本图中无

1930年9月4日选举

议席分配	
社民党	143
中央党	87
民主党+人民党	50
共产党	77
民族人民党	40
纳粹党	107
其他	72

深灰色图块是纳粹党员入选国会议员的选区

1932年7月31日选举

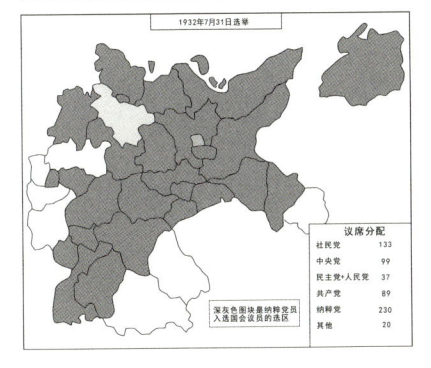

议席分配	
社民党	133
中央党	99
民主党+人民党	37
共产党	89
纳粹党	230
其他	20

深灰色图块是纳粹党员入选国会议员的选区

纳粹党的得票率变化（1919—1933）

席，跃居第二大党。到1932年7月31日国会选举时，纳粹党得到了37.3%的选票，成为国会第一大党。

面对纳粹党的崛起，魏玛共和国并非毫无幸存概率。在国会中，若社民党、中央党和共产党联合，则拥有311席，完全可以压倒纳粹党连同其他右翼政党总共拥有的267席，继续把极右翼政党阻挡在内阁之外。总统兴登堡也有权拒绝任命国会第一大党首脑希特勒登上总理宝座——事实上，他确实也做过一次。

然而，在1932年底，共和国的政治家们都犯下了短视的错误：社民党只愿意充当反对党，以便监督政府；共产党不愿意同社民党同流合污；兴登堡周围的保守主义者自信可以控制住希特勒。结果是，1933年1月30日，兴登堡终于决定，任命希特勒为政府总理。在此之后，尽管希特勒并没有更改国名，但魏玛共和国的14年生命历程已经结束了。

推荐书目：埃里克·韦茨的《魏玛德国：希望与悲剧》

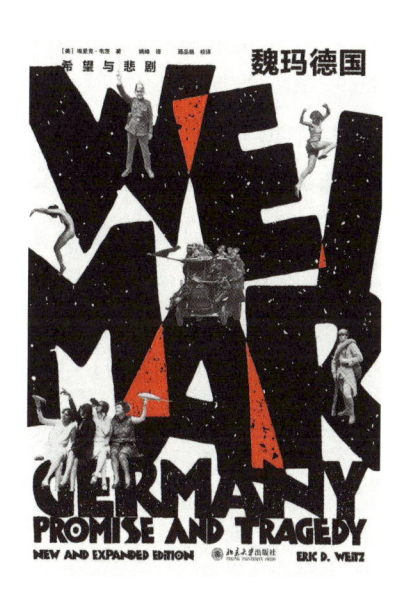

《魏玛德国：希望与悲剧》

在有关魏玛共和国的常见著述里，这14年历史总是一分为三：充满危机的"开端"（1918—1923）、短暂的"黄金中期"（1924—1929）、急转直下的"尾声"（1930—1933）。与此相反，美国历史学家埃里克·韦茨（Eric D. Weitz）的《魏玛德国：希望与悲剧》（姚峰译，聂品格校，北京大学出版社，2021年版）淡化了历时性叙事，而是展示了彼此交错的横截面，描绘了城市发展、政治实践、经济变迁、社会心态、文化创新等方方面面。作者并不认为那些体现历史延续性的封建残留（如旧式权贵、帝国精英、非自由主义精神）是共和国覆灭的必要条件，因为魏玛不仅提供了一连串走在前沿的希望，而且还为后世留下了依然值得尊重的"解放性尝试"，特别是在全球维度上，从德国流亡到其他地区的人还创造了许多奇迹。作者不止一次指出，魏玛民主作为制度而言并不完美。所谓民主制度仅仅依靠选举是有局限性的。在缺少民主信念、民主文化以及基本共识的社会中，程序民主最终导向的是反民主精英利用特权或漏洞来瓦解民主体制的结局。

名胜古迹：鲁尔博物馆

在德意志近代史上，鲁尔是著名的产煤区和重工业生产地。1923年，法比联军之所以出兵占领鲁尔，就是为了扼住德国的经济命脉。不过，随着煤资源的枯竭以及产业升级，原来的煤矿企业都面临转型挑战。鲁尔博物馆（Ruhr Museum）就是一种尝试。它始建于1901年，原址是埃森的一座洗煤厂，后来经过不断改造，终于形成了今天集旅游、展览、教育、会议为一体的综合性博物馆，并被列入世界遗产名录。博物馆保存了大部

鲁尔博物馆

分煤炭行业的机械设备和各式用品,让游客穿梭于图像、声音与文字之间,并且有机会亲身体验矿工的工作。这种把废弃的工业厂房打造为最先进的公共建筑的方式,现在被许多城市模仿。全球工业设计界的"奥斯卡奖"——红点奖就源自这里。

第五章　第三帝国的幻灭

欧洲被害犹太人纪念碑（柏林）

在柏林市中心，距离勃兰登堡门100米处，有一片长方体水泥碑组成的区域。这就是著名的"欧洲被害犹太人纪念碑"（Denkmal für die ermordeten Juden Europas）。整个区域占地1.9万平方米，共有2 710块纪念碑，每块长2.38米，宽0.95米，高度从0.2米到4.7米不等，形成波浪状的网格。这里曾是纳粹德国宣传部长戈培尔（Joseph Goebbels，1897—1945）的府邸，二战末期被夷为平地。20世纪80年代末，联邦德国有人提出了建立被害犹太人纪念碑的设想。冷战结束后，这一想法再次得到讨论。在寸土寸金的市中心，用欧洲被害犹太人纪念碑的名义，来建造德意志历史上的黑暗一页的"记忆之场"，在很长时期里，这是德国人不能接受的方案。直到1999年，国会才最终通过了动议。2003年4月1日，纪念碑开始动工，2005年5月12日，正式开放。整个工程耗资2 760万欧元。今天，当人们走入其间，抚摸着没有任何文字标识、看上去重复而单调的纪念碑时，必定会想起德意志历史上的那个黑暗时期，为不可胜数的犹太人的亡魂哀伤，向无数奋起反抗的勇士们致敬，钦佩以巨大道德勇气来直面"糟糕过往"的德国人。

当希特勒被兴登堡任命为总理时，当时的保守派政治人物并不看好纳粹党，认为这些穿着褐色军装的老兵

希特勒和他的内阁成员（1933年1月30日）

们不过是自己手中的提线木偶，一旦政治和经济形势稳定下来，他们就可以抛弃纳粹党。孰料，希特勒一上台就点了"三把火"，迅速把权力集中在自己手中。

第一把火是消灭所有反对派。1933年2月底，希特勒借口一位荷兰共产党员在国会大厦纵火，攻击左翼政党，怂恿兴登堡签署《总统关于保护人民和国家紧急令》，废除《魏玛宪法》规定的一些公民基本权利，逮捕左翼政治家。3月，取缔共产党。6月底，他以社民党反对政府决策为由，指责后者"叛国"。7月初，社民党在所有机构中的代表资格均被废除。与此同时，他与教廷达成协议，中央党退出德国政坛。其他资产阶级政党

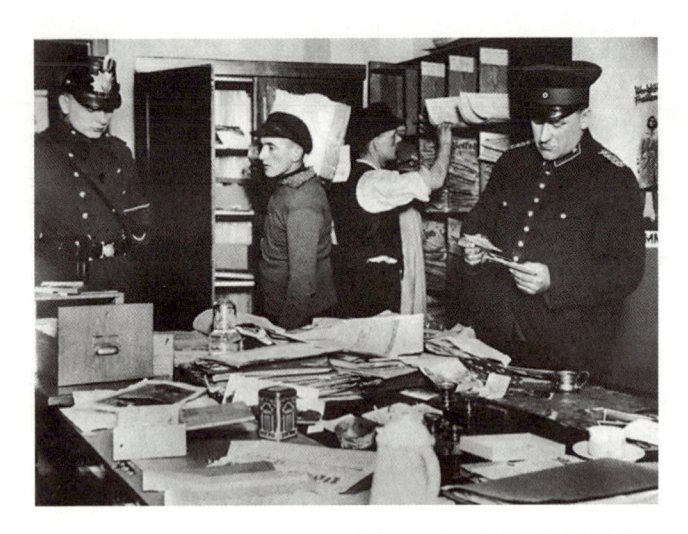

1933年2月23日,盖世太保和安全警察冲入德国共产党的柏林总部

也被迫自行解散。如此,到7月14日,希特勒颁布《禁止组织新政党法》,纳粹党成为德国唯一政党。为了持续打击反对势力,在党卫队外,希特勒还成立了秘密国家警察(Geheime Staatspolizei,简写为Gestapo,即盖世太保),以"预防犯罪"为名建起集中营。

第二把火是收拢所有执政权。1933年3月,国会重新大选,纳粹党保住了第一大党的位置,并借势强行通过"授权法",政府获得了紧急时期随时立法的权力。此举让国会变成了"橡皮图章"。在纳粹时期,国会仅举行过三次"选举",不定时开会。1942年4月26日,国会举行了最后一次会议,甚至发布"希特勒不受任何法律约束"的声明。在这一过程里,德意志历史上的央地关系得到了重塑。1933年3月的《各州与国家一体化法》和1934年1月的《国家重建法》,把各州统治权收归中央,各州代表组成的参议院解散。不仅如此,希特勒还利用纳粹党内的金字塔型权力结构来改造央地关系,通过纳粹党的高级官员分别担任各级地方政府首脑的方式,迅速取得对地方的绝对控制力。纳粹政府还消灭了所有具有竞争性的利益团体,特别是各类工会组织。1933年5月,一个融劳资双方为一体的德意志劳动阵线成立,其目的是调和劳资矛盾,共同为国家的需

1933年3月21日"波茨坦日",希特勒与兴登堡握手。这一天,纳粹党的宣传把第三帝国、普鲁士和德意志帝国联系在一起。

冲锋队进入自由工会大楼,取缔工会组织

要服务。其他群众团体也被并入纳粹党的附属组织中。1934年8月,兴登堡去世为希特勒提供了掌控军权的机会。在此之前,他以清洗党内左翼的方式取得了军方高级首领的信任。此后,他颁布《德国国家元首法》,把总统与总理的职位合二为一,自任国家元首,拥有武装力量最高统帅权。到1938年,他利用计策清洗了一批军队保守派首领,让自己领导的武装部队最高统帅部取代了国防部。

1934年8月2日，兴登堡去世第二天，武装部队官兵向希特勒宣誓效忠

第三把火是全面改造经济体制与社会关系，塑造新理念。希特勒是在经济危机最高峰时登上总理宝座的，解决大规模失业问题是对他最大的考验。纳粹政府用兴办公共工程、修筑高速铁路、限制妇女就业、排斥犹太人等方式，增加就业岗位，刺激有效需求。与此同时，希特勒成立了"德国经济总会"，自上而下控制7个全国性经济团体、23个经济协会、100个工商协会和70个手工业协会，迫使中小企业加入垄断组织，全面控制生产资料的分配和商品价格，稳定物价。到1936年，德国工业生产指标超过了危机前的水平，实现了名义上的"充分就业"。随后，德国经济重心转向军工生

产，推出"四年计划"，为战争做准备。希特勒极力反对阶级斗争的理论，鼓吹"民族共同体"理念，强调雅利安——北欧日耳曼人才是文明的创造者和维护者。他把每个个体都划分到具体的社团组织中，用各种大型集会、公共纪念日甚至日常生活的问候语（如"嗨，希特勒！"）来控制德国人；在优待"优秀种族"的同时，大量"无生存价值的生命"遭到排斥和淘汰，如犹太人、吉卜赛人、遗传病患者、同性恋者、反纳粹分子，要么被投入集中营里，要么实施强迫性绝育手术。特别是针

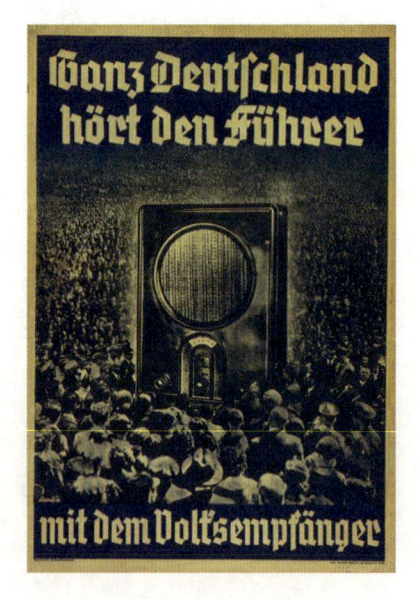

宣传画"整个德国都用人民收音机来聆听元首的讲话！"

攻击爱因斯坦的讽刺画（1933年9月）。爱因斯坦说："权威的名声似乎是相对的！"纳粹党人指责爱因斯坦的理论物理学是"非雅利安"的，是为共产党做的宣传

1938年"碎玻璃之夜"中犹太会堂被焚毁

对犹太人的迫害活动逐步增强。最初，犹太人被禁止担任公职，爱因斯坦（Albert Einstein，1879—1955）等犹太科学家及知识分子的著作被焚毁。随后，犹太人的公民权被剥夺，财产遭到掠夺，犹太教会堂被破坏，特别是1938年11月的"碎玻璃之夜"（又称"水晶之夜"，纳粹分子针对犹太人的打砸抢行动），迫使大量犹太人选择逃亡。以极端种族主义和扩张思想为核心的新理念在科学界、文化界得到迅速推广，出现了所谓"德意志物理学""德意志化学"等古怪学科，"血统和乡土"成为文学创作的重要主题，权力和力量是纳粹艺术的核心内容。

在内政不断"纳粹化"的同时，希特勒也没有忘记他在《我的奋斗》中提出的"铸造神剑"，这一目标还必须体现在德国作战能力的提升上。特别是《凡尔赛和约》的各种限制，是纳粹政府寻求逐一突破的。希特勒上台伊始，就以追求军备平等为由，退出了裁军会议和国际联盟。当然，为了遮掩真实目的，他还主动向波兰抛出橄榄枝，签订《德波互不侵犯条约》，以暂时减轻东部压力。1935年1月，萨尔区举行公民投票，以绝对优势回归德国。这让希特勒大受鼓舞，决定继续"毁约扩军"。3月，德国宣布重建空军。此前，希特勒已授权戈林（Hermann Göring，1893—1946）以发展民用航空的名义在各地筹建空军基地。在1933年底，德国各类军用飞机的数量已增加到2万多架。1935年后，军用机场不断扩容。同时，纳粹政府还借口法国修改兵役法，把志愿兵役制改为义务兵役制，和平时期的陆军兵力从10万一下子增加到50万。面对英国的警觉，希特勒又主动示弱，签订《英德海军协定》，以承认英国海上霸权为代价，换取英国对德国破坏《凡尔赛和约》的一系列行动持默许态度。1936年3月7日，希特勒指示3万德军

1936年3月，德军进驻莱茵非军事区

开进莱茵非军事区。据说当时希特勒十分紧张，甚至下令军队一旦遭遇法军阻拦，必须立即撤回。然而，由于法国正面临内政混乱的糟糕局面，居然对德政策模糊不清，行动迟缓，而英国再次采取了姑息态度。如此，德军的这次行动有惊无险，以胜利告终。《凡尔赛和约》对德国的各种枷锁，在3年之内，都被一一打碎。

希特勒十分清楚孤掌难鸣的问题，所以，从一开始，他就在谋划"寻找盟友"。在希特勒的战略布局里，法国始终是德国的敌人，波兰则是德国复仇道路上的注定对手。事实上，法、波两国的确正在不断构建围绕德国的集体安全体系。它们拉拢英国和意大利，缔结各种同盟条约，甚至还打算同苏联谈判。只不过，当时这些资本主义国家一方面内部矛盾重重，在围剿纳粹政权的问题上有心无力，另一方面，又对新生社会主义国家抱有敌意，从未真心与苏联携手共进。这便让希特勒钻了空子。

他首先谋划建立"柏林—罗马轴心"。意大利的墨索里尼政权是最早建立的法西斯国家。希特勒曾自称墨索里尼的学生，学习意大利法西斯党来改造纳粹党，强化元首体制。但墨索里尼对希特勒鼓吹的"大德意志国"是有戒心的，因为德国的扩张计划必定会延伸到奥地利，而奥地利又是墨索里尼长期觊觎的目标。因此，当1934年希特勒鼓动奥地利纳粹党制造混乱时，墨索里尼不惜陈兵奥意边界，警告纳粹政权不得轻举妄动。在希特勒不断毁约扩军的过程中，意大利的反应强度也仅次于法国。1935年，墨索里尼还邀请英国首相、法国总统到意大利北部小城斯特莱沙，联合组成遏制纳粹德国的"斯特莱沙阵线"。不过，当意大利因侵略埃塞俄比亚遭到国联谴责时，希特勒迅速抓住机会，成为欧洲唯一表态支持墨索里尼的大国。这成为德意关系的转折点。1936年，两国在西班牙内战中继续携手，共同支持叛军。当年10月，两国终于签订了《德意议定书》，彼此承认对方的扩张结果。

希特勒和墨索里尼（1936年）

随后,希特勒又把日本拖入了自己的阵营。日本入侵中国后,德国政府的态度一直不太明确。一方面,它并不谴责日本的侵略行径。另一方面,它不仅向中国支援了一批头盔、军服及相关物资,甚至还派出军事代表团担任蒋介石政府的顾问团——这同他想从中国掠取战略物资的谋划息息相关。但从1936年起,拉拢日本开始成为德国的重要外交目标,因为希特勒希望日本牵制英国在亚洲的力量,同时能够北上与苏联抗衡。1936年11月,两国用"反共产国际"的名义签署协定。一年后,意大利正式加入反共协定。"柏林—罗马—东京轴心"形成。

1937年11月5日,希特勒在一次高级军官会议上,正式宣布了自己的扩张战略。当时的军事副官霍斯巴赫(Friedrich Hoßbach, 1894—1980)记录了希特勒的讲话,史称《霍斯巴赫备忘录》。这份备忘录在战后被作为审判纳粹德国战争罪行的主要证据之一。据霍斯巴赫备忘录记载,希特勒详细解释了"先大陆,后海洋"的三步走方针:首先,建立一个囊括中欧的"大德意志国",主要吞并捷克斯洛伐克、奥地利和波兰的但泽走廊;其次,打败法国,消灭苏联,成为欧陆霸主;最后,走向海洋,战胜英美,称霸世界。

从1938年到二战爆发前,纳粹德国首先实现了侵略方案的第一步。恰好同时,英法等国正弥漫着厌战情绪，政治家们笃信绥靖政策，希望用不断让步的方式换取希特勒不发动战争的承诺。这便使得希特勒能够轻而易举实现建立"大德意志国"的目标。1938年3月13日，在德国的武力威胁及奥地利纳粹党的鼓动下，奥地利"自愿"并入德国。9月，在德国的步步紧逼下，英、法、意、德四国首脑在慕尼黑召开会议，迫使捷克斯洛伐克把德意志人占据多数的苏台德地区割让给德国。当然，这一结果并不能让希特勒满意，据说"他显得情绪低落，对整个议程都暴躁不安"，因为他原本想吞并整个捷克斯洛伐克，但也正因如此，时任英国首相的张伯伦还以为此举成功地阻止了希特勒的扩张野心。他在伦敦机场发表演说，得意地向众人宣布，自己为欧洲"赢来了五十年的和平"。事实上，纳粹德国的侵略步伐并没有停止。1939年3月，希特勒终于拿下整个捷克斯洛伐克。接下去，纳粹德国的目光盯住了波兰。直到此时，英法等国才意识到希特勒欲壑难填。它们一方面急忙和波兰签订各种条约，企图威慑德国，另一方面又想起拉拢苏联的必要性。然而，为时已晚。苏联熟知英法等国"祸水东引"的企图，不愿意继续和这些国家周旋，而希特勒又于8月23日抢先同苏联签订互不侵犯条约，双方秘密划定了从芬兰经爱沙尼亚、立陶宛，沿波兰中部，一直到罗马尼亚比萨拉比亚地区的势力范围。9月1日，德国突袭波兰，仅用27天时间攻陷华沙。希

1938年3月12日，德国吞并奥地利，希特勒进入布劳瑙

1938年9月30日，慕尼黑会议，第一排从左到右分别是：英国首相张伯伦、法国总理达拉第、希特勒、墨索里尼和意大利外长齐亚诺

1939年3月15日,德军进驻布拉格,占领整个捷克

1939年9月1日,德军拆除德波界桩

特勒侵略方案的第一步完成。

1940年初,希特勒开始启动第二步,准备向法、苏进军,成为欧陆霸主。4月,德军北上,占领挪威与丹麦。一个月后,西线战场陷入战火,荷、比两国投降,法国仅抵抗了六周便把巴黎拱手相让。英法联军狼狈地从敦刻尔克撤退到不列颠岛上。6月22日,法国投降,纳粹政府控制住法国北部,维希政府在法国南部建立傀儡政权。按照计划,德国本应在打败法国后,东向进攻苏联,但由于英国首相丘吉尔采取了毫不妥协的立场,恼羞成怒的希特勒决定先"教训"英国。德军发动了大规模空战,投入了3个航空队2 600多架飞机,打击不列颠岛。尽管英国城市受损严重,但德国并未占据上风。与此同时,1941年4月,为配合意军行动,德军南下攻占巴尔干地区。此举让德苏矛盾再次紧张起来。为避免两线作战,希特勒决定暂时结束不列颠之战,调转枪头实施"巴巴罗萨计划"(Unternehmen Babarosa),入侵苏联。6月22日,德苏战争爆发。德国及其仆从国190个师共550万人分三路大规模扑向苏联。四个月后,德军在莫斯科城外与苏军展开阵地战。

在侵略方案的第二步陷入胶着状态时,希特勒已经跨出了第三步。1941年2月,德军会同意军,进军北非。12月,日本突袭珍珠港后,德国向美国宣战。

到1942年初,纳粹德国保持着强大的扩张势头。

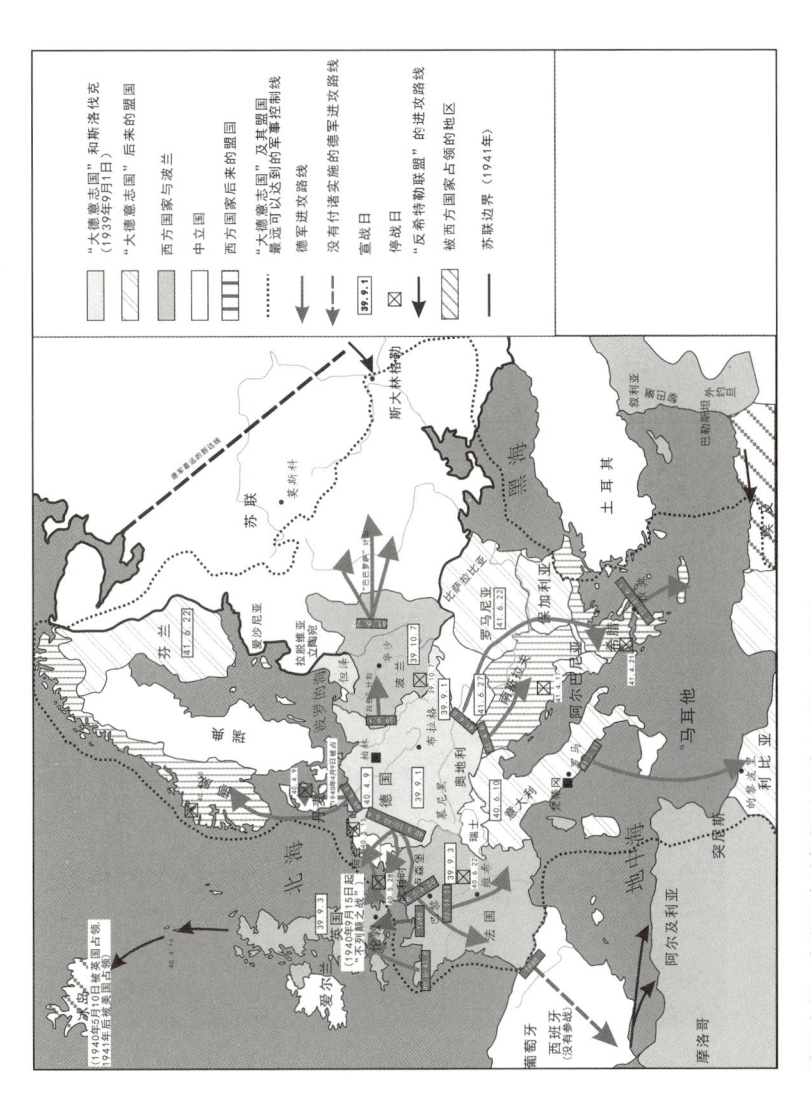

德国在第二次世界大战初期的行动（1939—1942）

1941年6月22日，德军坦克开进苏联境内，德苏战争爆发

1941年12月11日，希特勒向美国宣战

它侵占的区域在某种程度上已经超过了此前的神圣罗马帝国和德意志帝国的版图。"大德意志国"不仅收回了《凡尔赛和约》中被迫割让的土地，还把周边德意志人聚居的地区都吞并进来，进而拓展出更多的"生存空间"。据统计，它控制区域的面积已数倍于1933年前德国本土的面积。它侵占了11个国家，占欧陆面积的35%—40%。除此之外，在它的威慑下，瑞典与瑞士勉强保持中立，西班牙、葡萄牙与之交好，巴尔干地区成为专供德国军需品的特有经济区，唯有英国依靠海峡天堑保持独立，苏联则凭借辽阔幅员而继续坚持斗争。

在"大德意志国"里，希特勒采取了分而治之的方式。

在德国本土以及"合并区"——这里主要指德意志人占据多数的地方，如奥地利、原属捷克斯洛伐克的苏台德地区、原属立陶宛的梅梅尔、回归德国的萨尔区等——实行纳粹党直接控制的体制。由纳粹党的大区领袖出任地区行政长官，原来的"州"改为"部"，直接隶属于柏林政府管辖。

在"民政长官管辖区"，例如西部的卢森堡、阿尔萨斯、洛林，东南部的南施蒂利亚、克恩滕和克莱恩，东部的比亚维斯托克，由希特勒直接管辖，但海关、邮电、铁路管理方面尚未完全并入德国，地名、姓氏、语言等方面需要进一步"德意志化"。

在"总督管辖区",如原波兰东部、法国北部等地,由德国派出的总督管辖,当地政府拥有一定的自治权,但在军事和经济方面受到德国的控制。

在东部原苏联领土上,帝国设立"专署"进行军事管理。

1943年后,由于意大利的法西斯政权瓦解,希特勒扶持墨索里尼在意大利北部建立傀儡政权。该地后被称为"作战区",其主要目的是为阻止盟军进入中欧。

在新领土上,纳粹德国的士兵们烧杀抢掠,无恶不作。他们掠夺了数百万辆各式交通工具、价值15亿美元以上的黄金外汇、数千万吨铁矿石,甚至从被占国家搜刮了600亿马克的占领费。1940年,希特勒以保护文物为名,委派罗森贝格(Alfred Rosenberg,1893—1946)成立"罗森贝格特别工作处",专门负责征收文物。到1944年7月,该机构"征收"文物超过2万件,仅法国文物的价值就高达10亿美元。他们还对"非德意志人"采取了极为残暴的有组织暴行,如奴役、拷打、人体试验,乃至大屠杀。特别是针对犹太人的"最后解决"暴露出纳粹分子灭绝人性的真实嘴脸。

1939年,在大战开启前,希特勒在国会中大放厥词:"假如国际金融犹太人在欧洲内外成功地支持一场世界大战,那么其结果不是这个地球被布尔什维化并让犹太人取得胜利,就是消灭欧洲的所有种族。"当时,纳

纳粹德国控制的区域及其扩展

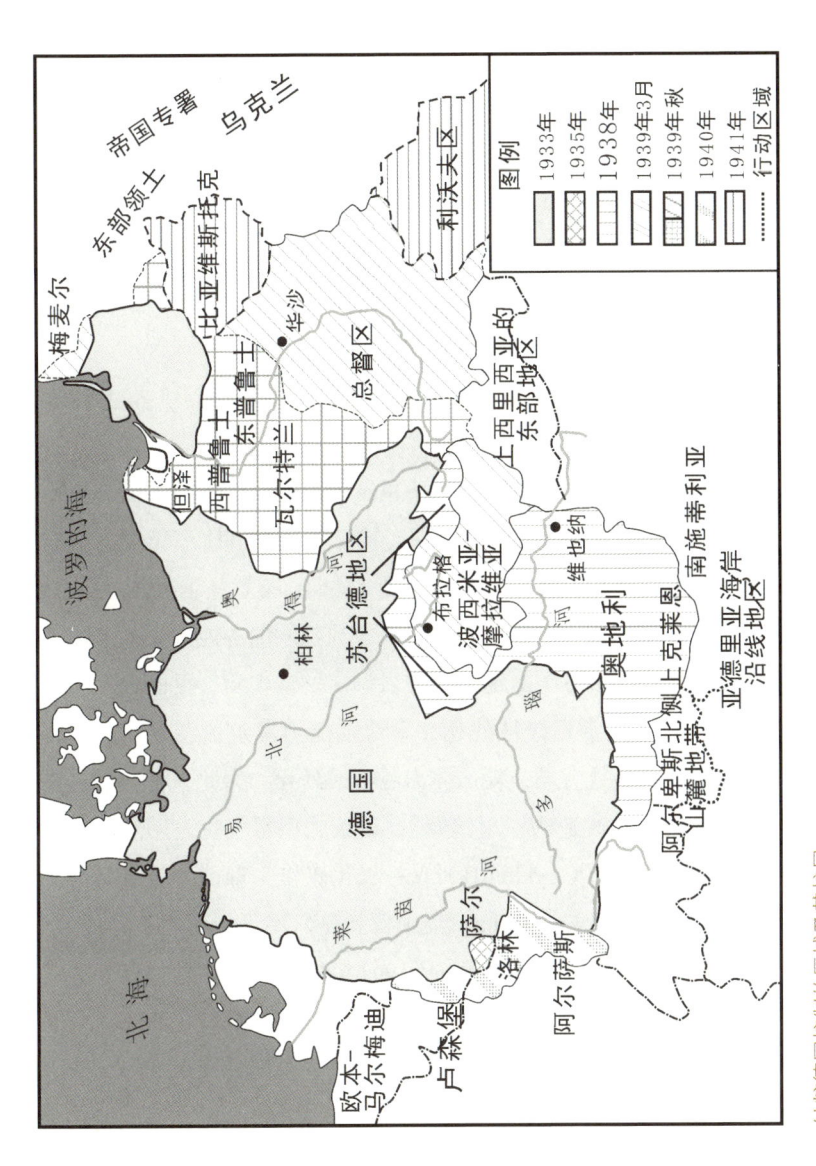

粹德国希望欧洲犹太人能够快速离开。德国最初流放犹太人的目的地是巴勒斯坦，但遭到英国拒绝。随后，德国又准备趁法国战败之际，迫使它交出马达加斯加岛，把全部犹太人迁入该岛。然而，由于德国的海运能力不足，这个"马达加斯加计划"也无果而终。德军在波兰占领区曾建立所谓"隔都"，把西欧和东欧的犹太人都封闭起来。1941年6月，德国入侵苏联时，"特别行动队"在隔都实施了大屠杀，约54.4万犹太人丧生。7月，希特勒通过戈林正式提出了"最后解决犹太人问题"的设想，并命令党卫军头目海德里希（Reinhard Heydrich，1904—1942）制定具体计划。1942年1月20日，相关部门主要领导人在柏林近郊万湖（Wannsee）召开会议，讨论实施细节。会议决定，有组织地把欧洲各地犹太人（总数达1 100万）运送到东方占领区的集中营。无能力者和妇女儿童直接被处死，有劳动能力者组成劳动大队，从事繁重劳动，耗尽体力后再被处死。为此，将一部分集中营改造为"灭绝营"，设置大型毒气室，用氢氰酸齐克隆B（Zyklon B）或一氧化碳作为毒剂。著名的奥斯威辛（Auschwitz）集中营就是六座灭绝营之一，共有110万人在此被杀害。从1941年秋到1944年秋，有400万至500万犹太人沦为"最后解决"的牺牲品。除此之外，约有50万名吉卜赛人也成为纳粹德国种族灭绝的对象。

运送犹太人去集中营

万湖会议会址

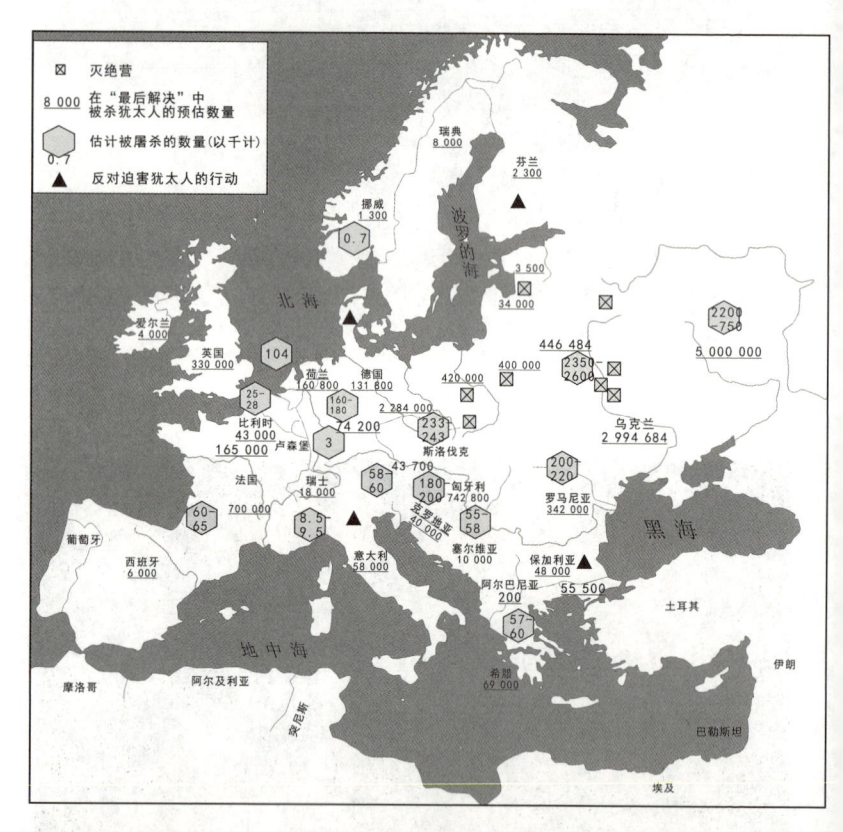

犹太大屠杀示意图

奥斯威辛集中营

在纳粹德国的高压统治下，部分德国人依然举起了反抗大旗。德国共产党始终站在反纳粹斗争的最前沿。希特勒被任命为总理当日，它就在符腾堡州纺织业城市默辛根组织了为期两天的抗议游行，近千人参加。被迫转入地下后，它还成立了一批灵活机动的秘密小组，进行无线电广播，印发报纸和宣传小册。共产党还在汉堡组织了本土最大的抵抗团体"泽夫科夫—贝斯特兰—雅科勃"，其中100多人在战争结束前献出了生命。社民党人继续用"黑红金国旗团"的名义在柏林、汉堡、汉诺威等这些大城市从事地下抵抗活动。其总部迁到布拉格后，继续发行五种报纸，在德国与七个邻国交界处建立16个"边境秘书处"，致力于向国内外民众揭露纳粹罪行。在明斯特，大主教加仑（Clemens August Graf von Galen，1878—1946）通过布道，尖锐批判纳粹政府的种族理论，并督促教皇在1936年发布谴责纳粹党的通谕《痛心已极》。新教中的反对派牧师成立"明认信仰教派"（Bekennende Kirche），拒绝接受纳粹政府的领导。1939年11月8日，一位普通的德国人格奥尔格·埃尔塞（Georg Elser，1903—1945）趁希特勒回到慕尼黑庆祝"啤酒馆暴动"周年纪念活动时安置了自制炸药。然而希特勒因天气缘故，临时缩短了演说时间，逃过一劫。埃尔塞后来被送入集中营，在二战结束前被杀害。同样，在慕尼黑这个纳粹党的老巢，一批年轻的大学生和教授在1942年6月至1943年2月间组建了"白玫瑰小组"（Die Weiße Rose）。他们用匿名传单的方式，呼吁人们参加抵抗运动。白玫瑰小组的领导者朔尔兄妹（Hans Scholl，Sophie Scholl）后来都被送上断头台。传统势力的反纳粹活动以"克莱骚集团"（Kreisau Kreis）最出名。克莱骚是位于东普鲁士的一个庄园，一些军官、右翼知识分子、保皇党人等既不满意纳粹党的集权统治，又不放心希特勒的军事能力，故而致力于筹划暗杀活动。1944年7月20日，他们制定了女武神计划，让后备部队司令部参谋长施陶芬贝格（Claus, Graf Schenk von Stauffenberg，1907—1944）趁向希特勒汇报之机，把装有定时炸弹的手提箱放置在元首身边，但这一次，希特勒依然侥幸逃过一劫。事后，施陶芬贝格被枪决，

7 000多人被捕，其中约5 000人遭到处决，包括2名元帅、19名将军、26名上校、17名外交官等。尽管这些反抗运动都没有取得成功，但他们的抗争勇气是值得肯定的。更重要的是，一些抵抗运动者还用心为欧洲的未来设计蓝图。应该说，1945年后，法德两国逐渐和解，欧洲走上一体化道路，部分受到了这些蓝图的影响。

从1941年起，德国军队在东线连续受挫。在莫斯科战役中，苏军最终守住了首都。1942年夏，希特勒发动斯大林格勒战役，德军又遭受致命重创，总共损失了150万人、3 000架飞机和3 500辆坦克，22个师33万人被围歼。1年后，德军又在库尔斯克发起了最激烈的坦

格奥尔格·埃尔塞

朔尔兄妹

1944年7月20日，刺杀希特勒未遂后的现场

施陶芬贝格

克大战。50天激战后，德军彻底丧失了战略进攻能力，被迫转入全线防御阶段。随后3个月里，苏军向西推进了400—500公里，解放了包括基辅在内的162座城市。1944年，苏军集中610万兵力，实施了10场高速度、大纵深的战略进攻，史称"十次突击"，德军基本上被赶出苏联领土，苏军还顺势攻入了德国在东南欧和北欧的"小兄弟们"。罗马尼亚、保加利亚、芬兰、匈牙利等国很快退出战争或调转枪头，向德国宣战。1945年1月12日，苏军发动全面进攻。3个月后，苏军占领了东普鲁士，攻克维也纳，并在奥得河西岸建立桥头堡，打开了冲击柏林的道路。4月16日起，苏军发动了柏林战役。

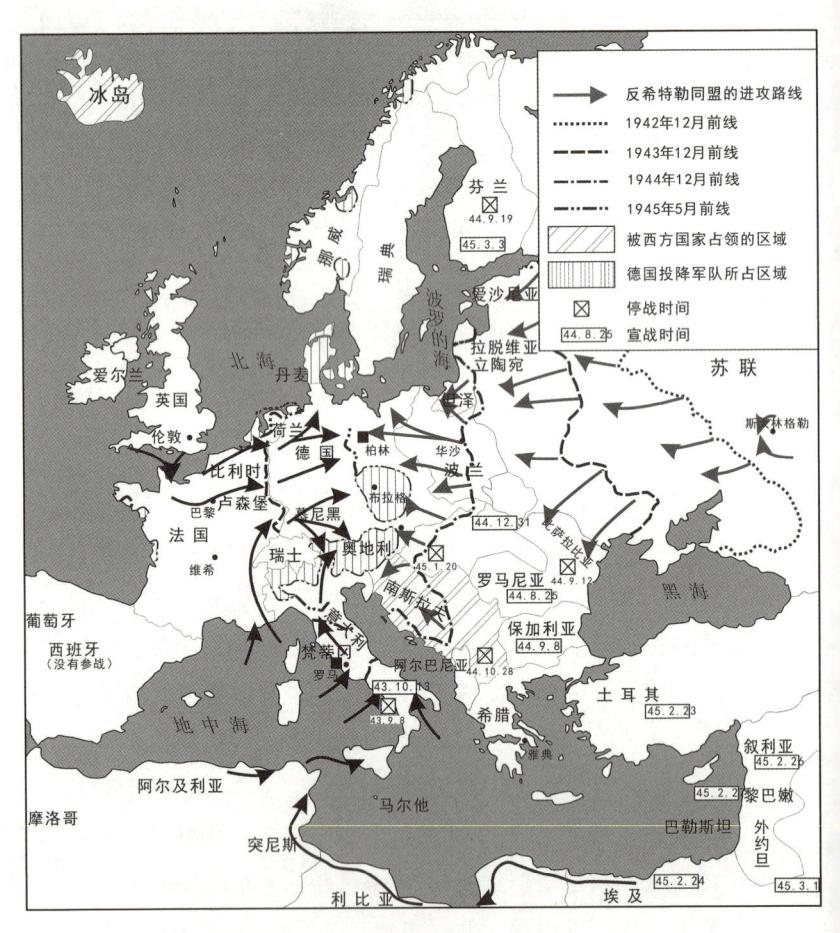

第二次世界大战末期形势图（1943—1945）

在其他战线上，德国也接连败退。在南线，西西里战役结束后，墨索里尼政权被推翻。尽管希特勒派人救出了墨索里尼，并在意大利北部建立傀儡政权，但随着东线压力增大，希特勒无暇南顾。1945年初，墨索里尼政权倒台。在西线，1944年6月，英美盟军在诺曼底登陆。3个月间，法国光复，比利时与荷兰一部解放。希特勒曾调集25万人，在阿登山区实施反击，却仍以失败告终。1945年3月下旬，盟军强渡莱茵河，挺进德国心脏地区。4月25日，英美盟军在易北河同苏军会师。

4月16日起，苏军开始强攻柏林市中心。希特勒眼看大势已去，于29日口述了政治遗嘱，号召全体德国人继续顽抗，"无情地打击一切民族的毒害者国际犹太

易北河会师

人"，并任命邓尼茨（Karl Dönitz，1891—1980）为德国总统兼武装部队最高统帅，戈培尔为政府总理。30日，苏联红军把红旗插上国会大厦的屋顶，希特勒在总理府地下室开枪自尽。第二天，戈培尔也自杀身亡。5月8日，邓尼茨代表德国，向苏美英法四国无条件投降。纳粹德国覆灭。

1945年5月8日，凯特尔代表纳粹德国，签署投降书

推荐书目：威廉·夏伊勒的《第三帝国的兴亡》

《第三帝国的兴亡》

很少有记者如威廉·夏伊勒（Wililam L. Shirer，1904—1993）那样，成为如此知名的历史学家。1937—1941年间，他担任美国哥伦比亚广播公司的战地记者期间，曾常驻欧洲，观察德国事务和欧洲冲突。1941年，他完成了《柏林日记：二战驻德记者见闻（1934—1941）》，赢得了巨大的国际声誉。美军进驻柏林后，缴获了一大堆纳粹德国机密档案，其中包括外交部、军队、秘密警察等机构的各式文件。1955年起，夏伊勒受到资助，阅读了其中一些文件。1960年，他出版了巨著《第三帝国的兴亡：纳粹德国史》。该书文字流畅、材料丰富、视角独特，很快成为全世界畅销书。人们称赞他是"将活着的证人与史实融为一体的历史学家"。1961年，该书获得美国国家图书奖。1965年，该书就由著名翻译家董乐山牵头翻译成中文。此后，中文译本不断再版。它分为六编31章，分别讲述了希特勒的崛起、纳粹政权的建立、走向战争的道路、战争初期的胜利和转折、末日的降临等。

名胜古迹：纽伦堡的纳粹党代会原址

纽伦堡既是神圣罗马帝国皇帝喜欢驻足的帝国城市，又在纳粹德国扮演过特殊的角色。1927—1929年，纳粹党就在纽伦堡东南部的杜岑德泰歇湖边举行过党代会。因为希特勒特别喜欢此处，所以在1933—1938年间，纳粹党的党代会都在纽伦堡举行。纽伦堡由此被称作"纳粹党的集会之城"。每次集会，与会人数都达到50万人。1934年党代会被拍摄成纪录片《意志的胜利》，

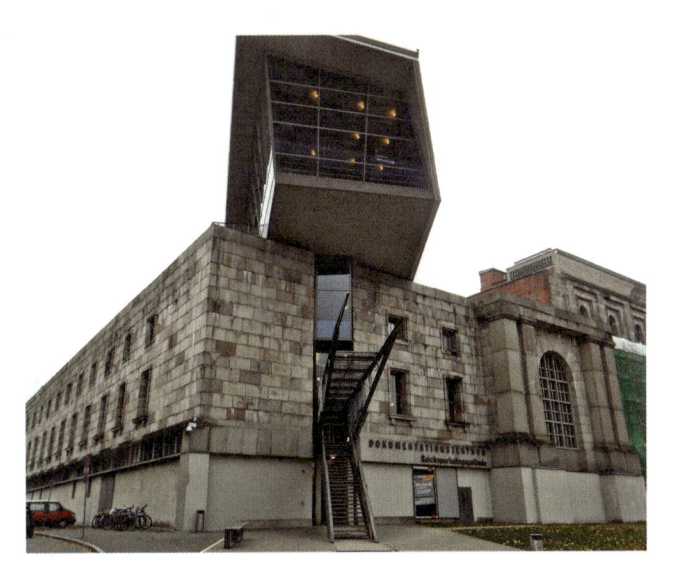

今天的集会礼堂

让此处名声大噪。这片总面积达16.5平方千米的区域原本计划建造3个露天集会场、2个大礼堂、2个体育场、1条游行大道以及一系列展览场馆和建筑群。但从1933年7月建设启动到1939年战争爆发建设中止，这里完工的设施仅有齐柏林集会场、鲁伊特珀德集会场和游行大道。其中，齐柏林集会场是模仿希腊佩加蒙圣坛而建成的，可容纳30万名观众的集会礼堂当时已近完工，但未封顶。二战时，这里多处被毁。集会场上的万字符后被美军拆除，其他建筑在自然环境中慢慢腐朽。直到20世纪末，纽伦堡市才启动改造工程，把这里打造为纳粹历史的"记忆之场"。集会礼堂原址修建了纳粹党代会集会场档案中心。

第六章　两种体制的竞争

勃兰登堡门（1945）

勃兰登堡门（今天）

勃兰登堡门（Brandenburger Tor）位于柏林市中心。它是今天德国的著名景点之一，也是德意志两百多年历史的见证者。它始建于18世纪末，建筑样式模仿雅典卫城的大门。1806年，拿破仑击败普鲁士后，把城门上的胜利女神驾驶四马战车青铜雕塑掠往法国。拿破仑战争结束后，人们重新设计了城门，城门上的雕塑修改为了高举普鲁士鹰、铁十字的胜利女神驾驶四马战车青铜雕塑。二战结束后不久，这里成为东西柏林的分界线。1961年起，柏林墙就矗立在门前。民主德国还除去了普鲁士鹰和铁十字。1990年，德国重新统一，柏林墙被推倒。普鲁士鹰和铁十字被重新安置上去。今天，人们只能在地上找到柏林墙旧址的标识铭牌，勃兰登堡门则再次成为德意志文化的象征之一。

第二次世界大战结束时,整个德国已变得满目疮痍。几乎所有大城市都被盟军轰炸过,柏林、美因河畔法兰克福、德累斯顿、科隆等几乎全部被毁。仅在1945年,德国土地上留下的弹药残片超过4亿立方米,近四分之一的住宅被炸毁,全国交通系统陷入瘫痪。一位美国记者曾这样描写柏林:"柏林什么也没有剩下。没有住宅,没有商店,没有运输,没有政府建筑物。纳粹留给柏林人民的遗产……仅是若干断壁残垣……柏林如今仅仅是一个碎砖破瓦堆积如山的地理位置。"如果每天从柏林开出10—50节车厢的火车来运输瓦砾,据估算需要16年才能运完。整个柏林就是一座"死亡之城"。更

二战结束后初期的柏林

何况纳粹政府突然倒台，整个统治网络完全失效，银行系统崩溃，经济一片混乱。不仅如此，因领土调整而产生的东部难民（其中包括德意志人和其他一些"政治难民"）多达1 200万，他们在不到一年半的时间里涌入德国各地。

在一片混乱中，不同派别的德国人曾设想过新国家的建设方案。有的人希望回到魏玛共和国，有的人觉得德意志联盟的模式不错，但作为战败者，德国人根本无权坐在谈判桌前与同盟国领袖们讨论祖国的命运。

事实上，德国的未来国家形态是由英、美、苏三国首脑来决定的。在德黑兰会议上，三国都同意分割德国，只不过对分割的方式存在争议。到雅尔塔会议时，英国人还想着把德国分为3—5个部分，美国和苏联却转向了领土调整及短期占领的想法。苏联以本国在战争中受损最严重为由，提出把包括柯尼斯堡在内的波罗的海沿岸地区收入囊中，并把德国的东普鲁士及包括波美拉尼亚和西里西亚在内的东部领土割让给波兰，作为波兰东部领土让给苏联的补偿。如此一来，德国的领土面积比1939年前减少了10万平方千米。美国则提出了分区占领的想法。三国首脑最终达成了有关德国无条件投降的条款和处置战败后德国的总原则。据此，未来盟国计划成立分割委员会和赔偿委员会，具体筹划分割和赔款方面。美、苏、英、法四国将分区占领德国和柏林，同

波茨坦会议所在地塞琪琳霍夫宫（Schloss Cecilienhof）

时成立中央管制委员会来接管德国的中央权力。随后举行的波茨坦会议彻底放弃了分割计划，表示维护德国统一，但又允许各国在各自占领区内建立不同制度，加强地方自治，不设立中央政府。

根据协议，苏占区在东部，英占区在西北部，美占区在西南部，法占区在西部。柏林作为德国首都，也由四国分区占领。随后，盟军开始实施所谓"4D计划"，

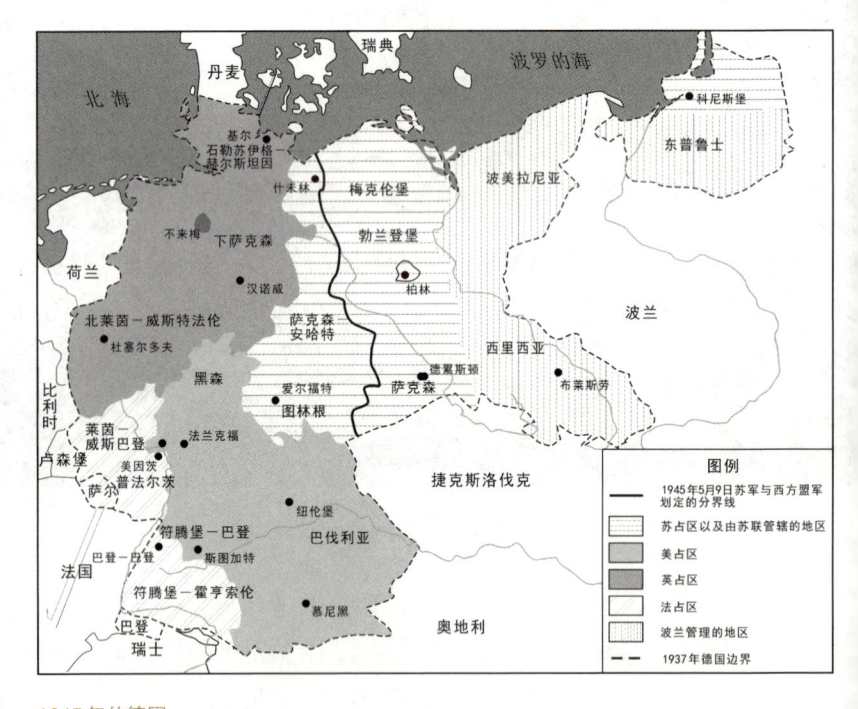

1945年的德国

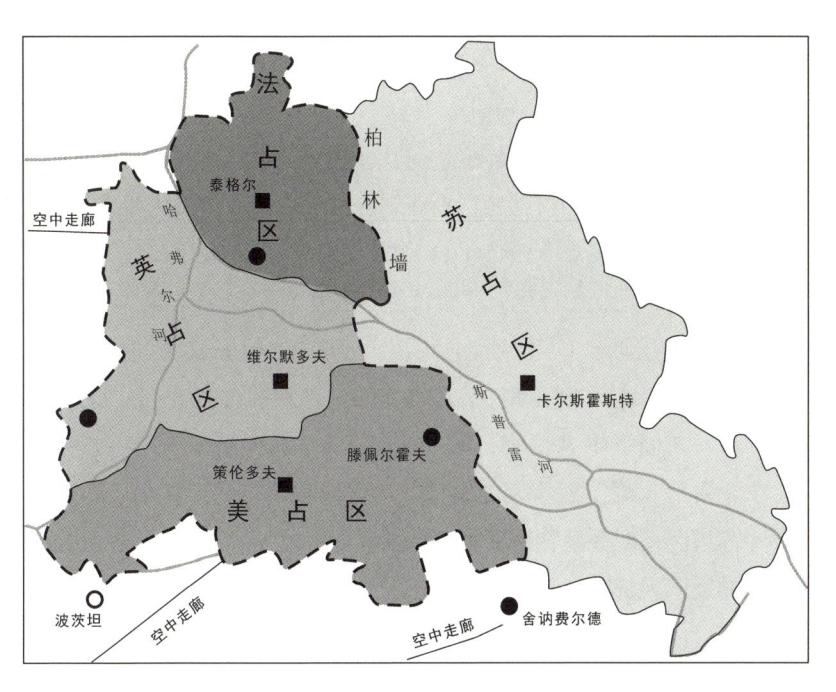

柏林分区占领

即，非军事化、非纳粹化、非工业化和民主化，从而彻底改造德国社会。不过，在具体实践中，该计划的重点和内容随着现实情况变化不断调整。

由于德国的军事力量已被彻底摧毁，非军事化转变为非军国主义化。盟军在各地拆除军国主义纪念碑，销毁各类颂扬帝国主义的书籍，严禁德国人组建军事组织，拆分被视作"军国主义摇篮"的普鲁士。

非纳粹化根除纳粹主义的社会根源，通过审判纳粹分子、甄别纳粹追随者、剥夺纳粹分子公职等方式来教育普通德国民众。1945年11月20日到1946年10月1日，盟军在纽伦堡组建国际军事法庭，公开判处12名纳粹党领导人绞刑、3人被判终身监禁、4人被判10—20年徒刑。随后，美占区举行了12项审判，分别针对医生、法官、垄断资本家、外交官、军官、党卫队高级官员等。法占区审理了资本家的案件。英占区审讯了高级将领。苏占区还对一些特殊罪犯进行了处置。此外，18岁以上的德国人都必须填写登记表，告知职业和政治经历等信息。占领军当局把德国人分为五类：重犯、一般犯、轻犯、胁从者、免于追究者。据此，对人们进行分类处理。原有教师队伍里的大量政治不合格者被淘汰，其中美占区有三分之二教师被解雇，法占区比例达到四分之三。所有占领区都严禁使用纳粹时期的教科书。纳粹分子和反动官吏都被清除出各级行政机构。不过，从1947

纽伦堡审判。邓尼茨、戈林、赫斯、里宾特洛甫、凯特尔、约德尔、罗森贝格、施佩尔、施特莱歇尔等人接受审判。

年起,随着东西阵营对峙格局日益明显,东西占区的政策也出现明显不同。东占区继续以"肃清法西斯残余"名义执行严厉措施,西占区逐步转向宽松政策,让一批前纳粹党高官重新回到了政治舞台。

非工业化是指限制德国工业发展,消灭垄断组织。这一方案原本是由美国财长摩根索提出的,旨在让德国变为农牧业国家。后来因各种缘故,该方案修正为"限制计划",即把德国的工业生产能力降低到1938年的50%—55%,全国生活水平降低到1932年水平。此外,必须消灭垄断组织,分散德国的经济力量。据此,化学

有关非纳粹化运动的讽刺画，题目"黑变白或自动非纳粹化"（1946）

工业巨头法本公司、鲁尔区六大钢铁公司与三大银行均被拆分，东部45%私营企业转变为国营企业。冷战爆发后，西占区立即改变策略，允许区内工业水平提高三分之一到五分之二，使工业生产能力达到1938年的70%—75%。与此相反，东占区的改造步伐没有停顿，私人经济的生产和销售被逐步纳入计划经济的轨道，特别是在土改方面的成效更为明显，约有300万公顷土地被占领军政府没收。

民主化是指政党和政治体制的全面改造。由于东西方国家对民主存在不同理解，东西占区的民主化进程各有特点。在东部，苏联支持共产党与社会民主党合并为统一社会党（SED）。新党共有130万名党员，原共产党领导人皮克（Wilhelm Pieck，1876—1960）和原社会民主党领导人格罗提渥（Otto Grotewohl，1894—1964）共同担任主席。统一社会党领导下的反法西斯联盟政府是苏联人应允成立的。在西部，盟军扶植西方模式的民主政党。原天主教中央党改组为基督教民主联盟（CDU），巴伐利亚的类似政党取名为基督教社

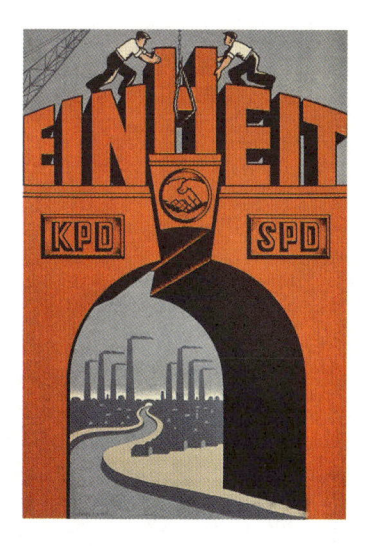

民主德国，社会民主党和共产党合并为统一社会党（1946）

皮克（左）和格罗提渥（右）

西占区社会民主党集会（1946年11月25日）

会联盟（CSU），原人民党和民主党合并组建自由民主党（FDP），它们与社民党（SPD）共同构成了西占区的四个主要政党。这些政党以各种合作方式，推进地方自治政府的成立。

很显然，在"四D计划"推行中，东西占区的做法出现了越来越多的差异。特别是美苏之间，在德国统一的程序上和方式上都存在巨大分歧：美国主张"经济统一"优先，坚持"地方分权"原则；苏联主张"政治统一"优先，坚持首先建立统一的中央政府。在此情况

第一次柏林危机中美国空军运送食品给西柏林

下，德国无法避免陷入分裂的结局。

第一次柏林危机正式拉开了德国分裂的帷幕。这次危机是由货币改革引发的。1947年1月，美英两个占区合并。1948年2月，法占区加入双占区。6月，西占区单方面宣布用B记马克代替当时流通的旧马克。苏占区立即以发行D记马克为回应，并要求位于苏占区内的柏林全部流通D记马克。此举引发了柏林市内各派政治力量之间的斗争，也成为东西占区相互封锁的借口。为保证西柏林的地位，美国空军在一年内出动19万多架次飞机，空运物资140万吨。事实证明，这种方式对美国代价高昂，苏联也未能占到便宜。1949年5月，双方终于达成谅解，柏林的交通管制被解除。第一次柏林危机结束。

不过，德国走向分裂的进程却没有停止。就在柏林空运停止的当月，西占区通过了《基本法》（Grundgesetz）。半年后，东占区也制定了宪法。9月20日，西占区转变为德意志联邦共和国，简称联邦德国或西德（BRD），定都波恩。10月7日，东占区转变为德意志民主共和国，简称民主德国或东德（DDR），定都（东）柏林。两个德国的建立，让德意志人的国家再次回到了1871年前的状态。柏林既是两个德国分裂的象征，又成为冷战前沿的主要城市。

从1949年到1990年，两个德国走了两条完全不同

阿登纳宣誓成为联邦德国第一任总理

民主德国成立仪式

的道路。联邦德国是典型的资本主义国家，民主德国是典型的社会主义国家。以下分别挑选几个重要特征，来总结它们各自的探索。

联邦德国的政治体制以西方国家为模板。它按照三权分立的原则分配权力：议会是最高立法机构，由联邦议院和联邦参议院组成，前者代表选民利益，后者代表地区利益，共同选举总统；联邦政府是最高行政机构，由联邦议院中的多数党或政党联盟组建，对联邦议院负责；联邦宪法法院是最高司法机构，独立行使职权。联邦德国坚持联邦制，各州保留州议会和州宪法，并在教育、环保等事务上拥有立法权。

联邦德国吸取了魏玛共和国的教训，在政治体制中做了两个重大变动：第一，总统的权力转移到总理，而总理是由国会多数派推选产生，从而避免政局动荡。这使得强势总理受人欢迎，如阿登纳（Konrad Adenauer，1876—1967）、勃兰特（Willy Brandt，1913—1992）和科尔（Helmut Kohl，1930—2017）。第二，实行多数选举制与比例选举制结合的混合选举制，只有获得全国总票数5%或在直接选举中获得3个直接议席的政党，才有资格进入联邦议院参与比例分配议席的分配。这能够保证政局稳定。

在经济领域里，与其他资本主义国家不同的是，联邦德国推行了一种独特的资本主义经济模式，即"社

艾哈德正在阅读自己的著作《大众福利》

大众汽车公司生产出第100万辆小轿车（经济奇迹时期）

会市场经济体制"。它既重视市场的作用，又强调社会正义。第二位总理艾哈德（Ludwig Wilhelm Erhard，1897—1977）是这一模式的奠定者。这是一条介于自由资本主义市场经济体制与社会主义计划经济体制之间的道路。联邦德国历届政府，一方面，反对垄断，禁止大企业滥用经济权力；另一方面，编制和推行灵活的中长期计划，保护和扶持重点企业，推进福利国家建设。由此，联邦德国出现了经济增长与社会稳定的双重现象，史称"经济奇迹"。当然，70年代后，高福利做法也引发了一些负面效应。80年代初，国家支出占社会总产值的比重上升到48%。

在外交领域，联邦德国确立了"向西方一边倒"的原则，通过依靠美国、抓住欧洲两大策略，不仅迅速恢复了自己的主权（1955年），而且解决了同法国的宿仇，进而成为欧洲一体化进程的主要推动国。与之相对，在针对东方阵营时，联邦德国在很长一段时间里推行"哈尔斯坦主义"，反而让自己的活动空间变得十分狭窄。哈尔斯坦（Walter Hallstein，1901—1982）是阿登纳政府的副外长。1955年，他宣布，联邦德国拒绝同任何与民主德国建交的国家（苏联除外）建立或保持外交关系。此举虽然讨好了美国，但导致它在中东地区与阿拉伯国家交恶。60年代末，勃兰特用"新东方政策"取而代之，联邦德国才缓和了与东欧国家之间的紧张关系。此外，值得一提的是，联邦德国通过外交援助的方式，还与一批第三世界国家建立了良好的外交关系。

在文化领域里，联邦德国的反省历史之路特别引人关注。二战结束时的狼狈与被占时期的痛苦经历，让联邦德国政治家和普通民众都不太愿意轻易回顾历史。"选择性遗忘"到处可见。一些前纳粹分子甚至回到了此前的公职岗位，但从20世纪60年代起，随着有关奥斯威辛集中营的内幕不断揭露，特别是1968年规模浩大的学生运动掀起了代际冲突后，有关纳粹历史的种种过往，被一再推向舆论场中。1970年，新任总理勃

勃兰特在华沙犹太人隔都的纪念碑前下跪（1970）

兰特出访波兰。在华沙犹太人隔都纪念碑前，这位纳粹统治时期反抗运动的积极分子突然代表德国下跪，对被害犹太人表达了忏悔。此举为联邦德国赢得了巨大的国际声誉。此后，尽管右翼政治家和一些保守派人士心存不满，但全面反省纳粹罪行的意识不仅成为政界的共识，而且慢慢渗透到社会大众中，得到了越来越多人的肯定。

在处置两德关系时，联邦德国官方始终坚持一贯立场。《基本法》为未来德国统一留下了法律空间。勃兰特推动两德关系正常化后，虽然承认"一个民族，两个国家"，但强调两个德国之间只存在一种特殊关系，它们作为德意志民族的两个国家是独立的，但两国不把对方视为他国，东西德关系是德意志的内部关系。在两德签订《基础条约》后，联邦德国政府公开强调，应使"德国人民能够自由地通过自决重新获得统一"。不过，到80年代，随着两德来往不断增加，经济贸易发展迅速，联邦德国成为民主德国第二大贸易伙伴（仅次于苏联），一些知识分子对统一梦想产生过质疑，甚至准备承认民族分裂的现实。

民主德国的政治体制一开始并未照搬苏联模式，而是实行一党为主的多党制政治。建国初期，在统一社会党领导下，基督教民主联盟、自由民主党、国家民主党、民主农民党等非工人阶级政党与四个主要群众组织（德国工会联合会、自由德国青年联盟、德国民主妇女联合会和德国文化联盟）按比例组建最高权力机关——人民议院。人民议院和代表地方利益的州联议院共同选举总统。人民议院中占席位最多的议会党团（统一社会党）提名并经选举产生总理。1952年，民主德国进行了重大政治体制改革，把5个州划分为直属中央领导的14个专区，连同首都柏林共15个行政区域，由此形成中央—专区—县—乡四级垂直型行政体制。1960年，第一任总统皮克去世后，总统制被取消，建立国务委员会，其主席为国家元首。统一社会党的两任总书记就是民主德国前后相继的两位实际领导者。他们是乌布利希（Walter Ulbricht，1893—1973）和昂纳克（Erich Honecker，1912—1994）。

在经济领域里，民主德国的先天条件远远不如联邦德国。它本是农业地区，工业产量仅占全德17.9%。战争期间，它受损最严重，45%工业遭到破坏，农业产量不及战前一半。被占时期，它又承担了更沉重的赔款负担，战胜国索取的各项赔款超过680亿旧马克。统一社会党连续推动了经济计划化、农业合作化与工商业国有化等运动，到60年代初，基本完成了生产资料的社会主义改造。在此后的发展中，民主德国曾试图利用经济核算，扩大地方和企业的自主权，但遭到苏联干预，最终依然回到中央计划经济。尽管如此，民主德国的经济发

宣传画"向苏联学习！"

民主德国的两任领导人乌布利希（右）和昂纳克（左）

东柏林市景

展水平依然在整个东方阵营里仅次于苏联,民众生活水平长期位居东欧各国之首。

当然,在同联邦德国的竞争中,民主德国明显落入下风。联邦德国的外交封锁,一度让民主德国失去了来自西方资本主义国家的投资。西柏林的广播宣传不断捕获人心,影响着东柏林人的政治判断。更糟糕的是,不精确的生产计划和过高的劳动定额引发了工人们的不满,1953年6月17日的"东柏林事件"便体现了这一点,以至于民主德国不得不依靠苏联军队才能稳定局势，但这种极为纠结的局面依然持续恶化，导致大量东德居民不断出逃。据统计，从1949年10月至1961年8月，民主德国出逃人数约269万，占其人口的八分之一。当时，也有一些西德居民逃到东德，但两个数字相差甚远。1961年8月13日，民主德国政府决定在东西柏林之间以及西柏林与东德其他地区之间，建造一座有形的墙。这堵墙全长165千米，分内外两层，两墙之间有100米宽的"无人地带"。墙边设有280个观察哨、137个地堡、237个警犬桩以及总计108千米的坑道。1961年后，约96万人依然想尽各种办法前往西德；同一时段内，西德有7.5万人到东部寻求"更高的社会保障"。

1953年6月17日东柏林事件，苏联坦克进入东柏林

修建柏林墙（1961）

在民主德国，这堵墙被称作"反法西斯防卫墙"。它多少反映了"反法西斯"这一概念在战后东部德意志人头脑中的重要性。与联邦德国不同的是，民主德国并不把纳粹德国视作自己的前身国家。在官方宣传里，民主德国是由一批"反法西斯战士"组建的国家。这种文化心理，一方面，推动了非纳粹化运动的深入开展，另一方面，也在无形中制造了一些认知困境。例如，在

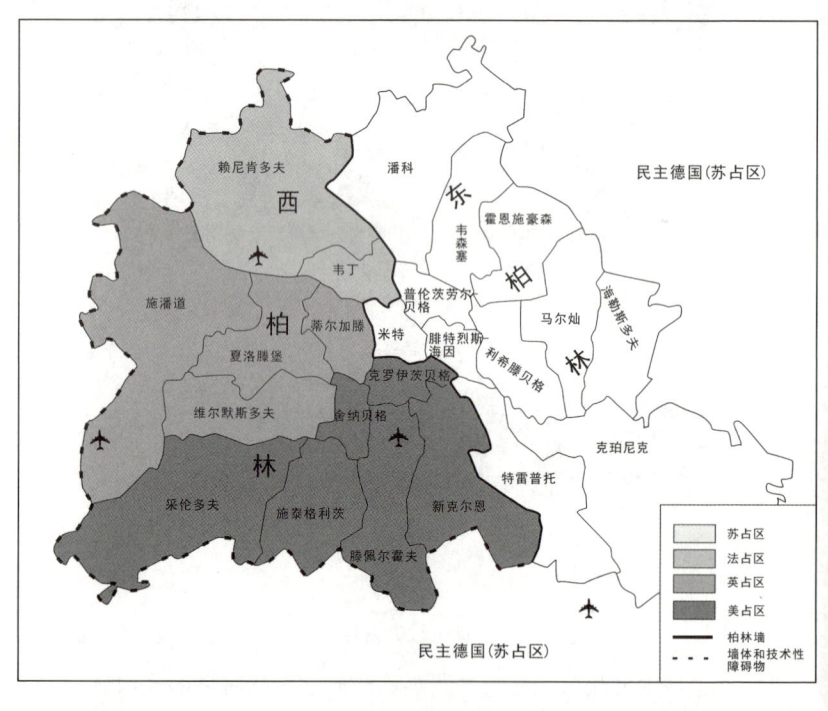

柏林墙修筑示意图

被轰炸后的德累斯顿

"德累斯顿大火"这一历史事件的记忆上,民主德国反而起到了负面作用。1945年2月,英美空军轰炸了德累斯顿,造成了2 000多人死亡,其目的是配合苏军从东部进攻德国本土的战略。冷战开始后,由于意识形态对峙,此举的解释被转化为英美军队对德国东部反法西斯战士的提前进攻。这种误读造成的影响直到今天还存在。

更糟糕的是,民主德国在对待两德关系的态度上不如联邦德国那样坚定。50年代,民主德国始终坚持民族统一的立场。到60年代初,民主德国开始接受现实,转而谋求联邦德国及西方大国对本国的承认。1963年,统一社会党宣布"统一是不现实的"。正因如此,当勃兰特推行新东方政策时，民主德国立即予以积极回应，签订《基础条约》。昂纳克当政后，提出了"两个民族，两个国家"的理论，即，民主德国是"社会主义的民族"，联邦德国是"资本主义的民族"。1973年，两个德国同时加入联合国。民主德国修改宪法，删除了所有关于"德意志民族"和"重新统一"的提法。

到20世纪80年代，两个德国的存在已让人习以为常。它们是两种社会制度的典型代表，走出了两条几乎平行的国家建设道路。它们是各自阵营的佼佼者，社会发展水平都位于同类国家的前列。正因如此，尽管人们也曾做过多种预测，但两个德国会以如此迅速的方式在80年代末90年代初走向统一，却依然出乎很多人的意料。这一切究竟是怎么发生的呢？

回头来看，在每一个重要环节，都有一股力量在往前推进，最终形成了国家变革的划时代动力。

整个变革的最初动力来自苏联。自80年代中叶起，苏共总书记戈尔巴乔夫推行一系列改革，在国内从根本上放弃了社会主义的价值观和政治体制，在国外力图建立新型国家关系，主张与资本主义国家和平对话。由此出发，苏联不断减少对其他社会主义国家的经济援助，并支持东欧国家的政治体制改革，这直接影响了这些国家的政治与社会稳定。1989年春夏两季，东欧国家相继"易旗变色"，特别是5月匈牙利拆除了匈奥边界障碍，

《两国民众逐渐疏离》(漫画)。1945年,"兄弟!";1955年,"我亲爱的表兄弟!";1965年,"啊哈,是的——我们在外国有个很远的亲戚!"

开放了通往资本主义国家的大门。很快,民主德国公民经这条路径出逃人数急剧增加,到9月已达到8万。

恰在此时,民主德国迎来了建国40周年庆典。从莱比锡到东柏林的各大城市,陆续出现了针对东德政府的游行示威。人们要求政府发扬民主,实行按劳分配,要求"新闻自由""旅游自由""选举自由"。不仅如此,第一个反对党"民主德国社会民主党"宣布成立,吸引了包括一部分统一社会党党员在内的一批人参加。与此同时，来柏林参加庆典的戈尔巴乔夫还在同昂纳克的谈话中施加压力，说"谁跟不上形势，谁就会受到现实生活的惩罚"。

这一谈话连同剧烈的社会震荡导致统一社会党内部分歧激化，引发了一系列变动。10月17日，昂纳克辞职，克伦茨（Egon Krenz，1937年生）被选为总书记，随后继任国家元首。新的领导层试图借助不断改革来重新赢得民心。11月3日，克伦茨发表全国讲话，宣布赦免所有非法外逃和非法游行的人，通报全面改革的行动纲领。然而，反对势力仍然不满，继续组织民众上街游行。在此压力下，11月9日晚，统一社会党做出了放松旅游管制的决定。当晚，该消息被错误解读为"柏林墙开放"，以至于人们如潮水般涌向西柏林。其他地方的人们则在1 350千米长的边境线上清除路障、拆毁铁丝网等。西柏林人则在过境通道入口铺上了大红地毯，用免费大轿车迎接东柏林人。据统计，仅11月12日这一天里，逃往西柏林的民主德国公民多达50万人。

联邦德国总理科尔立即抓住了这一千载难逢的机遇。他中断了对波兰的国事访问，回国紧急部署对策。他要求联邦德国接纳所有入境的民主德国公民，并承诺支付每人每年100联邦德国马克的"欢迎费"。11月28日，科尔提出了实现统一的"十点计划"，设想分三步

柏林墙倒塌（1989年11月）

东德人前往西德（1989年11月19日）

科尔的"十点计划"(漫画),奥地利刊登(1989年12月21日)

实现统一：第一步是联邦德国接受民主德国关于建立"条约共同体"的设想，在经济、交通等各方面建立共同委员会；第二步是发展两德的联邦结构，建立一个负责政治协调、经济协商的政府联合委员会，成立共同的议会机构以及一些专门委员会；第三步是逐步向一个统一的中央政府过渡，建立统一的德意志联邦。同时，科尔在外交上开展活动，争取苏、美、英、法四大国的理解和支持。

对此，民主德国领导层的态度从拒绝到接受，仅仅用了两个月的时间。国内政治形势动荡不安，是这种态度转变的主要原因。12月初，克伦茨已辞去总书记一职。不久，统一社会党更名为"统一社会党—民主社会主义党"。政府第一次吸收其他政党代表参加。1990年2

月1日，新任总理莫德罗（Hans Modrow，1928—2023）提出了四步走的统一方案，其内容与科尔的"十点计划"基本吻合。2月10日，科尔访问莫斯科，在统一问题上取得了戈尔巴乔夫的支持。由此，两德统一的大门已经打开。

3月，民主德国人民议院大选结果迈出了统一的实质性一步。当时，科尔号召东德选民支持基民盟在东部的"姊妹党"德国社会联盟，并公开许诺未来两德迅速建成货币、经济和社会联盟后，东德人的私人存款将以一比一的比率兑换为西德马克。此举让民意发生了明显变化，德国社会联盟赢得了大选，主席梅齐埃（Lothar de Maizière，1940年生）成为部长会议主席。民主德国的内部政权更迭完成。新政府很快与西德完成了经济谈判。5月18日，两国财长签订《联邦德国和民主德国关于建立货币、经济和社会联盟的条约》，即《国家条约》。两德实现了经济统一。

为了实现政治统一，两德从5月5日起与四大国举行了四次"2+4外长会议"。7月中旬，科尔再次访问莫斯科，用经济援助的承诺，取得了戈尔巴乔夫的让步。9月12日，"2+4外长会议"达成了《关于最终解决德国问题的条约》，清除了德国统一的外部障碍。值得注意的是，在这份条约里，两德承诺并确认德国边界不再变动，这让波兰感到满意。

科尔特地赶到莱比锡为基督教社会联盟摇旗呐喊（1990年3月）

《两德国家协议》（讽刺画），指出了统一的实质是民主德国并入联邦德国中。

2+4外长会议签署条约，德国获得完全主权（1990年9月12日）

  9月20日，两国议会通过了此前已经达成的《联邦德国和民主德国第二个国家条约》，即《统一条约》。两德实现了政治统一。

  10月3日零时，德国统一庆典在柏林举行。国会大厦前，100多万人参加了庆祝活动。这是俾斯麦统一德国以后的"再统一"，是德意志民族和德意志国家的重生。这个新德国总面积为35.8万平方千米，人口超过8 000万。

1990年10月3日德国重新统一庆典仪式

推荐书目：贝恩德·施特弗尔的
《冷战，1947—1991：一个极端时代的历史》

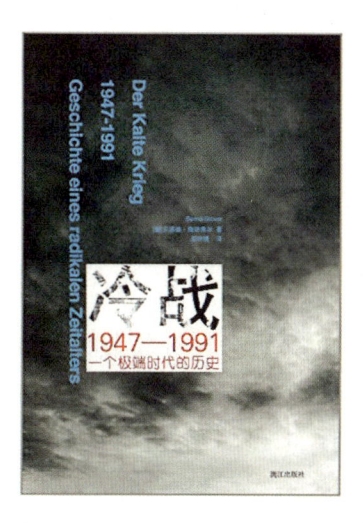

《冷战，1947—1991：一个极端时代的历史》

关于冷战的研究已有很多，但由德国人撰写的著作在中国书市上还比较少见。与其他西方国家相比，德国在冷战中的角色是极为特殊的。两个德国分属两大阵营，柏林是两种体制之间全面竞赛的舞台。德国人经历了从统一到分裂，再实现统一的曲折历程，对冷战自然有着更为微妙的情感。贝恩德·施特弗尔（Bernd Stöver）曾在哥廷根大学和比勒菲尔德大学接受专业史学训练，后任职于波茨坦大学当代史研究中心。2007年，他出版了《冷战，1947—1991：一个极端时代的历史》（孟钟捷译，漓江出版社2017年版）。他坚持"历史学家必须在他自己是时代见证者时保持中立"这一原则，用概括性而不失温情的文字，对一场"不断发生的、有所局限的政治—意识形态、经济、技术—科学与文化—社会斗争"进行了描述。全书分为三部分。第一部分按照时间顺序，讨论了冷战的起源与初期发展。第二部分横向讨论冷战的不同维度，其中军备竞赛、核战略、间谍战是论述的中心。第三部分又回到编年史的研究路径上，讨论20世纪70年代后第三世界的战争、缓和与裁军的努力。他没有讨论责任问题，同时认为"这场斗争最终无人胜利"。在书中，他列举了不少冷战中的德国历史场景，例如80年代柏林墙两边的音乐斗争，让读者身临其境。

名胜古迹：查理检查站

在今天柏林市中心莫尔大街、茨玛大街和弗里德里希大街的交汇处，有一个著名的冷战遗址——查理检查站。它初建于战后初期，本来是美军检查站。"查理"即字母C的代称。当时，东西柏林边界上还有两个检查站：阿尔法检查站、布拉沃检查站。查理检查站是东西柏林之间西方外交官和军方人员的专用通道。它最初只是一栋小型木制哨所，后来更换为尺寸稍大的活动金属板房。它的对面曾是戒备森严的东德检查站。1961年柏

冷战时期的查理检查站（1961年）

林墙建成后，东西方关系急剧紧张，查理检查站一度出现了美苏坦克对峙的场景。形势缓和后，这里是西方人近距离观察柏林墙的绝佳地点。1963年，美国总统肯尼迪便在阿登纳的陪同下访问过此处。柏林墙倒塌后，查理检查站也被拆除，但在原址安放了一座早期哨所的复制品。不远处的查理检查站博物馆则为游客展示更翔实的历史信息。

第七章　新联邦探新道路

德累斯顿圣母教堂废墟（1958）

今天的德累斯顿圣母教堂

联邦德国总统高克在圣母教堂内发表演讲（2015年2月13日）

在德国东部名城德累斯顿市中心，矗立着一座巴洛克风格的教堂——圣母教堂（Frauenkirche）。它建于18世纪中叶，在很长时期内被视作萨克森王国的历史遗产。在1945年2月13—14日的盟军轰炸中，它几乎完全被毁，只剩下马丁·路德雕像、两面残墙以及无数瓦砾。轰炸结束时，这里一度成为人们哀悼逝者的临时场所。1949年后，东德政府没有将之拆除重建，而是把它转为官方遗址，并在这里举行过数场反对北约和战争的仪式。1995年，重建项目最终得到推动，并在2005年二战结束六十周年前夕完成。两德统一以来，德国左右两翼围绕圣母教堂的历史价值产生了巨大争议。左翼不断强调它作为祈祷和平场所的定位，而右翼则试图把它塑造为控诉盟军罪行的记忆之场，甚至希望用2月13日来代替10月3日，作为德国国庆日。每年，右翼政党都会组织几千人围绕教堂和广场进行游行示威。从中央到州、市各级政府则不断做出反击。2015年，时任总统的高克（Joachim Gauck，1940年生）在圣母教堂内发表演讲，坚决反对右翼试图通过为"德累斯顿大轰炸"设置纪念日的方式实现"德国罪行相对化"。此事暴露了新德国在东西部文化认同方面还存在着尖锐的内在冲突。

重新统一的德国是德意志历史上出现的新类型国家。尽管它在政治、经济、军事等体制机制上迅速复制了西德模式，但把一个存在时间长达四十多年的另一类国家迅速、平稳地加以转化，并不是一件轻而易举的事情。事实上，这一转化过程特别漫长，甚至在一些方面，直到今天还没有完成。

政治领域的转型较为迅速，但也促生了一些新政党，并在德国政坛产生越来越大的影响力。20世纪90年代初，民主德国的所有党政机关都被解散，除少数技术人员外，近百万公务员被解聘。原有的央地关系得到重组，专区改为5个新州，3.5万名西部官员接掌实权。除了社民党、基民盟等大党迅速实现东西部党团合并外，在统一后的三十多年间，东部的一些政党通过转化重组，再度获得关注。如民主社会主义党后来与社民党左翼于2007年合并组建左翼党（Die Linke），主张社会公正，反对战争，倡导生态建设。它在2009年国会大选中的得票率达到11.9%，为历史最高。随后，它的影响力逐年下降，到2023年12月其联邦议会党团宣布解散。与之相反，德国选择党（AfD）在2013年成立后，在东部选区的影响力逐年攀升，它在2021年国会大选得票率有12.6%（位列第三），在2024年欧洲议会选举中的得票率也达到了15.6%（位列第二），甚至在图林根州议会选举中成为第一大党。它反对欧洲一体化进程，主张德国退出欧元区，抵制非法移民等。东西部的绿党在1993年合并，改名"联盟90/绿党"（Bündnis 90/Grünen），得

只有绿党和选择党在增长
德国各大政党党员人数

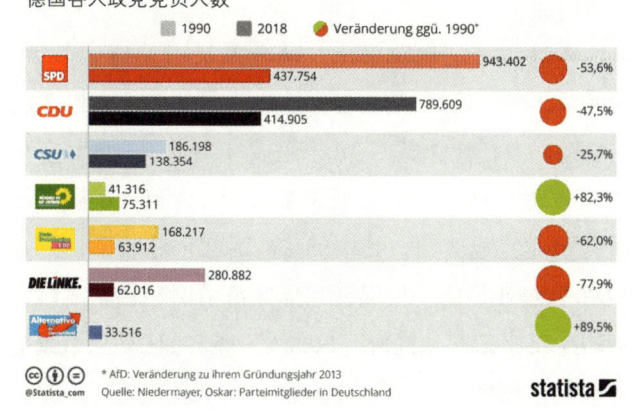

政党	1990	2018	Veränderung ggü. 1990*
SPD	943.402	437.754	-53,6%
CDU	789.609	414.905	-47,5%
CSU	186.198	138.354	-25,7%
(绿党)	41.316	75.311	+82,3%
(FDP)	168.217	63.912	-62,0%
DIE LINKE	280.882	62.016	-77,9%
Alternative (AfD)		33.516	+89,5%

* AfD: Veränderung zu ihrem Gründungsjahr 2013
Quelle: Niedermayer, Oskar: Parteimitglieder in Deutschland
@Statista_com statista

从1990年到2018年联邦德国各党派党员人数的变化，仅有绿党和选择党的人数在增加

联邦各州中的选择党

州	支持率
Sachsen-Anhalt	24,2%
Brandenburg	20,0%
Mecklenburg-Vorpommern	19,0%
Thüringen	17,5%
Sachsen	13,0%
Nordrhein-Westfalen	12,0%
Baden-Württemberg	11,0%
Bremen	11,0%
Saarland	11,0%
Hessen	10,0%
Rheinland-Pfalz	10,0%
Schleswig-Holstein	9,0%
Bayern	8,0%
Berlin	8,0%
Hamburg	8,0%
Niedersachsen	4,0%

* jew. aktuellste Sonntagsfrage; der Wert für Sachsen-Anhalt ist das Ergebnis der letzten Landtagswahl, da die letzte Sonntagsfrage vor dem Wahltermin gestellt wurde
Quellen: Forsa, Forschungsgruppe Wahlen, Infratest dimap, INSA
@Statista_com statista

目前选择党在联邦州的州议会选举中的支持率情况

票率节节上升。到1998年，它跃升为第三大党，并首次进入内阁。

经济领域的动荡最大，部分举措引发巨大争议。1990年7月1日，由两德经济管理人员和企业家组成的国有财产委托代管局（简称代管局）启动了全面私有化改制进程。到1994年12月31日为止，约1.4万家东部国营企业完成改制，其中95%被西部企业收购，另有3 600家企业倒闭。为保证东部经济的顺利转轨，西部平均每年为东部"输血"1 000亿—1 500亿马克。截至2000年，联邦政府和企业向东部累计投资1.6万亿马克。在这些"血液"中，有一个最特殊的来源，即"团结附加税"（Solidaritätszuschlage），简称"团结税"。1991年，新德国政府决定将全体公民及企业所得税的5.5%纳入"德国统一基金"，来支援东德。据估算，"团结税"约占国家支援东部建设金额的十分之一，大大缓解了政府的财政压力。不过，对于"老州"民众而言，缴纳"团结税"的兴奋感在20世纪90年代后便已消失。取而代之的是一种厌恶感。直到2021年，联邦德国政府才最终提高了征税条件，约90%的德国人终于不再缴纳团结税。

当然，东部经济的改善也是有目共睹的。在一段时间里，东部地区的经济增长率不仅大大超过西部，而且是欧洲经济增长最快的地区。到20世纪末，东部新建和改建的铁路超过1.7万公里,新建住房73万套。20%的东部人家庭收入已超过西部,购买力接近西部的90%。

东西部之间的"心墙"在一段时间继续存在。由于统一前的许多承诺无法一步到位,东部人怨声载道,怀旧心理流行,甚至出现了两个新词:一个是"Ostalgie",即东部(Ost)和怀旧(Nostalgie)的组合;另一个是"Besserwessi",即"自以为是的西部人"。

1998年,被誉为"统一缔造者"的科尔输掉了大选。社会民主党人施罗德(Gerhard Schröder,1944年生)出任总理。这标志着新德国转入了再谋发展的阶段。当时,德国的东西部融合尚未完成,德国经济正受到资本主义经济周期的负面影响,而且欧洲一体化和全

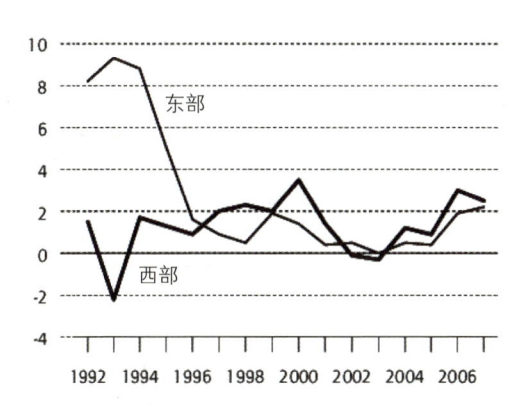

1992年后德国东西部经济增长的对比图。很明显,1992—1996年间,东部增长率高于西部。在此之后,东部经济发展出现停滞,直到新世纪后才出现一波反超。

球化还带来了物价飞涨的巨大压力。2002年,德国年度最热门词汇就是来自"欧元"(Euro)的新词"Teuro",意为"昂贵的欧元"。

施罗德拿出的执政方案是"新中间路线",即把原来的"社会市场经济体制"与当时欧美流行的"新自由主义思潮"进行融合,在强调社会公正的基础上,增加个人责任和竞争。2003年,他抛出了《2010规划》,实质是拿福利国家开刀,力图改变企业的职工福利负担过重、工资附加成本过高、国家管制过多等结构性弊端。但显然这种想法得不到广大选民的支持。2005年,施罗德未能通过联邦议院的信任投票,不得不提前举行大选,最后被迫下台。

施罗德宣讲《2010规划》

来自东部的基民盟女政治家默克尔（Angela Merkel，1954年生）脱颖而出，不仅出任总理，此后还连任四届（2005—2021），执政时间与科尔持平。

在"默克尔时代"，联邦德国继续高举"社会市场经济"的大旗，以兼顾各方利益为原则，采取了一系列措施，力求达到收支平衡。这些措施包括：提高民生物资之外的增值税，削减各种与普通民众关系不大的补贴、对高收入者再课税10亿欧元。这些措施成效明显，不到一年时间，德国经济就出现了明显回升。在2007年开始的全球金融危机里，默克尔政府迅速出台两套经济振兴计划，用加强投资、降低民众税收负担等办法，渡过了难关。

在外交领域，默克尔延续了施罗德的一些观念，始终坚持"欧洲中的德国"这一基本定位。政治上，德国在欧洲议会中的议席数量是最多的（99个）。经济上，德国是欧盟的最大经济体，它向欧盟支付的费用比它从欧盟拿到的资助要多100多亿欧元。作为欧盟的发动机，德国一直扮演着欧洲发言人的角色。在世界各项事务面前，默克尔从不犹豫，积极发声。她与大国首脑都保持着既友好，又能够坦诚对话的关系，甚至法国报纸都称之为"欧洲祖母"，美国《时代》周刊叫她"欧洲女士"。

2021年10月，默克尔卸任总理。她本可以继续参

《时代》周刊把默克尔称作"欧洲女士"

加竞选,但她放弃了。根据2020年的一项民意调查显示,在长期执政里,默克尔在德国的支持率一直都高于50%,最低仅跌至52%(2010年),最高时为86%(2014年)。默克尔还连续9年蝉联《福布斯》全球100位最具影响力女性榜单榜首。然而,在这位"铁娘子"执政的末期,难民危机、中美竞争、新冠疫情等问题接踵而至,世界格局不断演变,德国社会动荡不安。这一切让默克尔感到力不从心了。她在离职仪式上表示自己有幸生活和工作在一个"不可思议的时代",执政这些年是

"充实和艰难的",总理职务让她"在政治和人性上受到了考验,同时也充实了她"。

社民党人朔尔茨(Olaf Scholz,1958年生)曾担任默克尔内阁的副总理。2021年12月起,他成为新一届德国总理。在随后的三年里,新冠疫情、俄乌冲突、中美竞争、巴以冲突持续性地对德国外交形成冲击。不仅如此,极右翼的选择党在地方选举、国会选举和欧洲议会选举中的崛起,也是朔尔茨内阁不得不面对的严峻考验。

最后,我们来看一下1949年以来的中德关系。

新中国刚成立时,便和民主德国建立了外交关系。

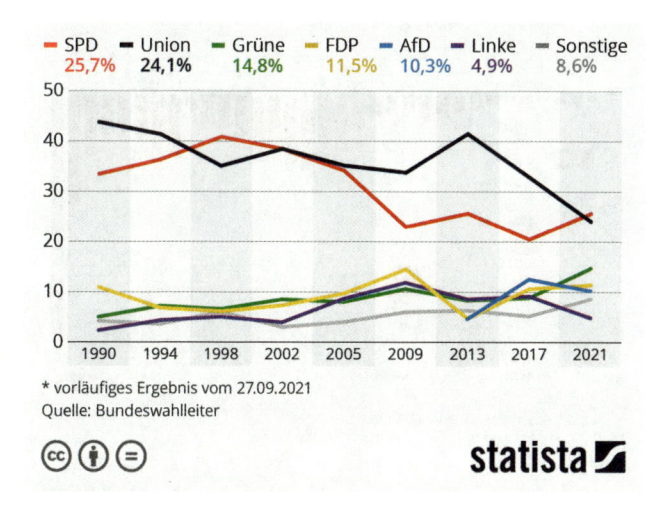

1990—2021年间国会选举中各党派的议席变化

两国同属社会主义阵营，在最初10年的社会主义建设时期，互帮互助。中国通过莱比锡博览会展示了新的工业品，也接触到当时比较先进的生产技术。中苏两党论战发生后，民主德国支持苏联的立场，中国和民主德国的政治关系趋冷，但经济和文化往来仍在持续。1972年，在中美关系变化的大背景下，中国与联邦德国建立了外交关系。此后，两国高层互访频繁。

德国重新统一以来，中德关系虽有波折，但整体趋势不错。中德经贸往来频繁，联邦德国持续47年作为中国在欧洲的最大贸易伙伴，中国也在2002年首次超过日

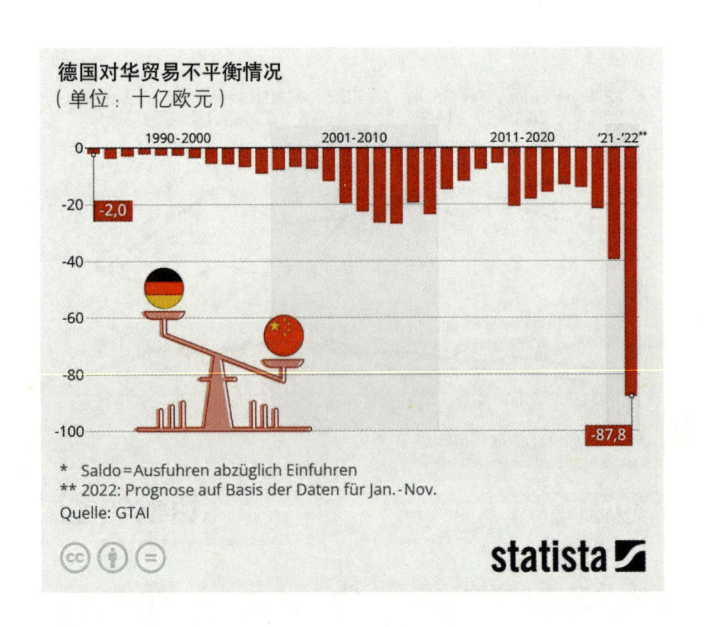

德国对华贸易不平衡情况
（单位：十亿欧元）

* Saldo=Ausfuhren abzüglich Einfuhren
** 2022: Prognose auf Basis der Daten für Jan.-Nov.
Quelle: GTAI

本成为德国在亚洲的最大贸易伙伴。据统计，2023年，双边贸易总额达到2 067.8亿美元。两国产业链和供应链深度融合，在电子电气、汽车、化工医药、智能制造、绿色低碳等领域都有不错的合作项目。2004年，两国在中欧全面战略伙伴关系框架内建立了具有全球责任的伙伴关系。2011年，两国建立中德政府磋商机制。2014年，中德关系进一步提升为全方位战略伙伴关系。默克尔曾12次访问中国，朔尔茨也已两次访华。在德国政治家眼里，中德关系必须平衡欧洲价值观与经济利益。但正如习近平主席指出的那样，"中德两国始终是对话的伙伴、发展的伙伴、合作的伙伴、应对全球挑战的伙伴"。在求同存异中，中德关系的发展就会迎来新的腾飞。

推荐书目：斯蒂凡·科内琉斯的《默克尔传》

《默克尔传》

在德意志近现代历史上，很少有人如默克尔那样，有过如此跌宕起伏的人生。她原本是一名生活在民主德国的普通物理学家，却在机缘巧合下，成长为叱咤风云的政坛明星。作为"地球上最具权势的女性"，默克尔碰到过哪些难以解决的棘手难题，有过怎样的情绪波动，如何处理与不同国家元首的个人关系，在欧洲债务危机中怎样逐步推动"新欧洲"的建设，诸如此类的问题都是作者用心解答的对象。斯蒂凡·科内琉斯（Stefan Kornelius）早在1989年便和默克尔在东德相识，后来作为《南德意志报》国际版的主编，持续跟随采访默克尔长达25年，并且是唯一被允许查阅默克尔私人资料的媒体人。《默克尔传》（杨梦茹译，中信出版社2014年版）这本书可以为读者展现一个鲜活的女政治家及其权力世界的运行。

名胜古迹：法兰克福的欧洲中央银行

美因河畔的法兰克福曾是神圣罗马帝国时期的中心城市。每次国王选举大会，都是在这里召开的。19世纪下半叶以来，这里成为德国的工商业、金融和交通中心。到20世纪90年代，法兰克福又成为欧洲的经济心脏。根据1992年《马斯特里赫特条约》的规定，欧洲中央银行于1998年7月1日正式设立在法兰克福，位于市中心维利·勃兰特广场的40层高楼内。高楼是1977年建

欧洲中央银行老楼（目前仍有部分办公区域）

成的，欧洲央行迁入后，就得到了"欧元塔"的外号。楼前矗立着欧洲最大的欧元标志。蓝色欧元符号外面有12颗黄色五角星，代表着2002年最早使用欧元的12个国家。这里一度成为法兰克福最火的"打卡地"之一。2014年，欧洲中央银行迁入法兰克福东部的欧洲城。新总部是一幢玻璃幕墙双塔楼，塔楼高度分别为185米和165米。两座塔楼之间的天井空间形成了一座垂直城市，这使得这幢大楼显得与众不同。目前，欧洲中央银行在法兰克福的雇员总数达到了3 000名。

参考文献

Hagen Schulze, *Kleine deutsche Geschichte: mit Bildern aus dem Deutschen Historischen Museum*, Beck, 1996.

［德］恩斯特·克里斯蒂安·舒特：《德意志历史：从古至今的德国发展史》，崔旭东译，重庆出版社2022年版。

［加］马丁·基钦：《剑桥插图德国史》，赵辉等译，世界知识出版社2005年版。

［德］乌尔夫·迪尔迈尔等：《德意志史》，孟钟捷等译，商务印书馆2022年版。

［英］彼得·沃森：《德国天才》，张弢等译，商务印书馆2016年版。

李伯杰：《德国文化史》，对外经贸大学出版社2002年版。

孟钟捷：《德国简史》（第二版），北京大学出版社2019年版。

孟钟捷、霍仁龙：《地图上的德国史》（第二版），东方出版中心2016年版。

邢来顺等:《德国通史》,6卷本,江苏人民出版社2019年版。

郑寅达:《德国史》,人民出版社2014年版。

大事年表

公元前51年	恺撒完成《高卢战记》
98年	塔西佗完成《日耳曼尼亚志》
5—6世纪	日耳曼小王国陆续建立
486年	克洛维建立法兰克王国
800年	查理在罗马加冕
843年	《凡尔登条约》签订，法兰克王国分裂
919年	萨克森公爵捕鸟者亨利一世当选为国王，始建德意志王国
962年	奥托一世在罗马加冕，始建神圣罗马帝国
1076年	第一次双皇斗爆发
1122年	《沃尔姆斯宗教协定》签署
1155年	第二次双皇斗爆发
1283年	条顿骑士团征服普鲁士

1356年	查理四世颁布《金玺诏书》
1415年	胡斯被处死，胡斯派兴起
1450年	古腾堡发明用金属铸字的印刷术
1452年	神圣罗马帝国更名为德意志民族的神圣罗马帝国
1517年	马丁·路德提出《九十五条纲领》，宗教改革开始
1521—1524年	骑士战争
1524—1525年	农民战争
1530年	《奥格斯堡告白》发布
1555年	《奥格斯堡宗教和约》签订
1618年	掷出窗外事件，三十年战争开始
1648年	三十年战争结束，签订《威斯特伐里亚和约》
1701年	普鲁士王国成立
1740—1748年	奥地利王位继承战争
1756—1763年	七年战争
1793年	普、奥参加第一次反法同盟
1806年	神圣罗马帝国解体
1807年	普鲁士改革开始
1810年	创立柏林大学
1813年	莱比锡民族大会战
1814年	维也纳会议召开

1815年	德意志联盟成立
1817年	瓦尔特堡大会
1818年	卡尔·马克思出生
1820年	弗里德里希·恩格斯出生
1832年	汉巴哈大会
1834年	德意志关税同盟成立
1835年	德意志第一条铁路贯通
1844年	西里西亚纺织工人起义
1848年	《共产党宣言》发表；1848/1849年革命爆发
1850年	普鲁士改革德意志联盟计划失败
1862年	俾斯麦出任普鲁士宰相
1864年	德丹战争
1866年	普奥战争
1869年	德国社会民主工党成立
1870年	普法战争
1871年	德意志帝国成立
1871—1875年	文化斗争
1873年	三皇同盟建立
1878年	柏林会议；国会通过"反社会党人法"
1882年	德、奥、意三国同盟条约
1883年	卡尔·马克思去世;《疾病保险法》

	通过
1884年	《事故保险法》通过
1887年	德、俄签订《再保险条约》
1888年	威廉二世登基
1889年	《老年人与残疾者保险法》通过
1890年	俾斯麦离职
1895年	弗里德里希·恩格斯去世
1897年	德国争取"阳光下的地盘"
1914—1918年	第一次世界大战
1918年	1918/1919年革命爆发；威廉二世退位；德国战败
1919年	魏玛政府成立;《凡尔赛和约》签字;《魏玛宪法》颁布
1920年	卡普暴动
1923年	鲁尔危机；啤酒馆暴动
1924年	《道威斯计划》
1925年	兴登堡当选为总统；洛迦诺会议召开
1926年	德国加入国际联盟
1927年	《失业保险法》通过
1930年	《杨格计划》；总统内阁建立
1932年	纳粹党成为国会第一大党
1933年	希特勒就任总理；国会大厦纵火

	案；德国退出国际联盟
1934年	德国恢复义务兵役制；清洗冲锋队；希特勒把总理与总统职位合二为一
1936年	德国进军莱茵非军事区；签订《反共产国际协定》
1937年	《霍斯巴赫备忘录》
1938年	吞并奥地利；吞并苏台德地区
1939年	吞并捷克斯洛伐克；签订《苏德互不侵犯条约》；入侵波兰，第二次世界大战全面爆发
1940年	占领丹麦；占领挪威；逼降法国；空袭英国
1941年	进攻苏联
1942—1943年	斯大林格勒战役
1944年	诺曼底登陆
1945年	希特勒自杀；德国投降，第三帝国结束；纽伦堡审判
1948年	第一次柏林危机爆发
1949年	德意志联邦共和国成立；德意志民主共和国成立
1950年	中国与民主德国建交
1951年	欧洲六国成立欧洲煤钢共同体

1955年	联邦德国加入北约；民主德国加入华约
1957年	签订《罗马条约》
1961年	民主德国修建柏林墙
1967年	欧共体成立
1972年	两个德国签订《基础条约》；中国与联邦德国建交
1989年	东欧剧变；柏林墙开放
1990年	德国重新统一
1991年	科尔当选为新德国第一任总理
1998年	施罗德当选为总理
2005年	默克尔当选为总理
2021年	朔尔茨当选为总理

后　记

这本小册子是笔者多年研究德国历史的小小呈现。在此之前,笔者写过《德国简史》《地图上的德国史》,也参加了中国德国史研究会牵头主编的六卷本《德国通史》的编写,并翻译了一本《德意志史》。尽管如此,在这本小册子的写作中,笔者依然碰到了不少问题,例如怎样跟进最新的研究成果,如何面向大众来讲好德国故事,更重要的是,在AI时代,怎样超越人工智能来展示人类的某些独特思考?

为此,笔者做了一些努力。如在一些具体内容上,国内外的最新研究发现被纳入其中,特别是关于德国再统一后的种种发展。再如这本小册子使用了大量插图、表格,为的是更直观地表现德国历史的多种面向。又如在引言中,笔者就尝试通过AI问答来发现有关德国人、德国历史的刻板印象,由此引出本书聚焦的问题:德意志人的国家在历史上出现过哪些类型,各有怎样的特点。

　　围绕国家类型的变化，来谈德意志历史特别是"德意志道路"，应该是这本小册子的特点。通常认为，"国家"是人类进入文明时代的标志之一。它表现为一种人类治理社会的智慧，以便能够对内维持稳定，对外进行交往。在世界各国的历史上，国家类型层出不穷。德意志历史上出现的王国、帝国、邦国、联盟、联邦、共和国、资本主义国家、社会主义国家等，却不是人类历史上的特例。但它们的兴衰，都在某种程度上带有德意志的色彩，并对德意志历史的演进产生过深浅不一的影响。只有发现这些色彩，思考它们的影响，我们才能对德国和德国人形成更为立体和鲜活的印象。

　　笔者是否做到了以上这一点，还请读者评判。这本小册子能够迅速出版，是同东方出版中心的编辑分不开的。刘鑫、沈辰成两位做了大量工作，在此表示谢意。

孟钟捷
2024年中秋于三省居